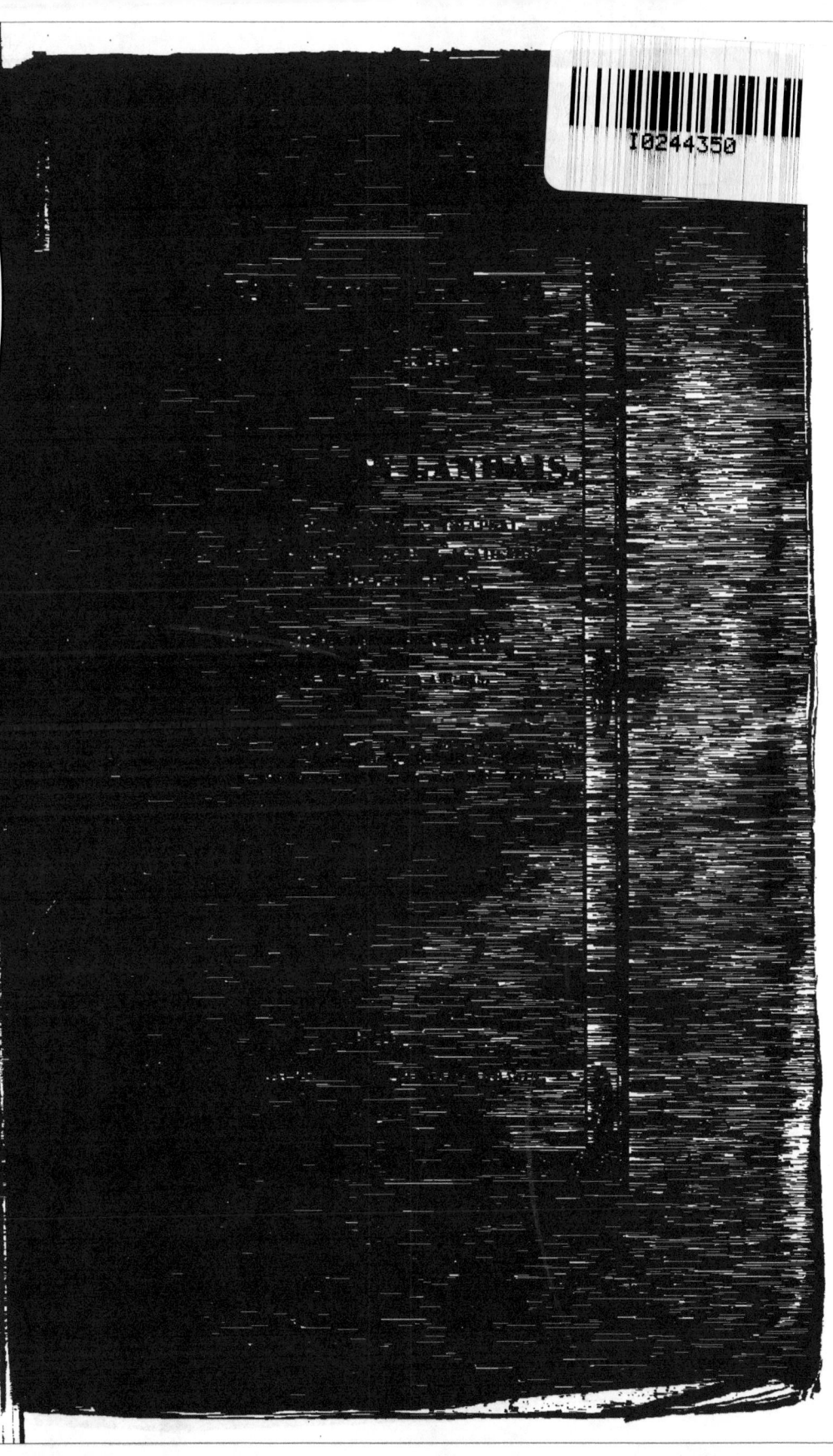

OBSERVATIONS CRITIQUES.

Angers. Imprimerie de Cosnier et Lachèse.

OBSERVATIONS CRITIQUES

SUR LES OUVRAGES

DE

M. NAPOLÉON LANDAIS,

SUR LA GRAMMAIRE DE NOEL ET CHAPSAL, ET SUR LA GRAMMAIRE SELON L'ACADÉMIE DE MM. BONNEAU ET LUCAN,

Par Romain Davau,

PROFESSEUR DE LANGUES A ANGERS.

> Si notre critique est sévère, elle est par-dessus tout consciencieuse, puisqu'elle est toujours étayée par le raisonnement.
> (*Paroles de M. Landais.*)

X

PARIS,
LIBRAIRIE DE L. HACHETTE, RUE PIERRE-SARRAZIN, 12.

—

1841.
1844

PRÉFACE.

M. Napoléon Landais s'est fait en mille endroits de ses ouvrages un censeur amer, surtout par rapport au *Dictionnaire de l'Académie*, qu'il attaque à tort et à travers, et sans ménagement. Si jamais la critique fut légitime, c'est contre celui qui se pose en aristarque. Nous lui déclarons donc la guerre, et voici comment nous la lui ferons :

M. Landais nous dit, en parlant de ses deux volumes de *Commentaires et Etudes littéraires :*

> Nos deux volumes ne sont que le recueil succinct et exact des leçons particulières que nous avons *offertes* au public, leçons que le public n'a pu *apprécier*, parce que nous n'avons rencontré l'occasion de les donner qu'à un *trop* petit nombre de personnes. (*Prospectus*, p. 3.)

Nous nous proposons dans ce petit ouvrage de critique de mettre les lecteurs qui n'ont pas été du trop petit nombre de personnes à qui M. Landais a rencontré l'occasion de donner ses leçons, en état d'apprécier celles qu'il leur *offre*. Nous souhaitons que le public puisse réduire à leur juste valeur ces réputations colossales que font à certains écrivains ces milliers de prospectus répandus partout avec tant de pompe.

M. Landais nous a dit encore :

> Il est de *toute rigueur nécessaire, sous peine d'être taxé d'ignorance profonde*, d'écrire d'après les règles des lois établies par la *jurisprudence souveraine des maîtres de l'enseignement*. En deux mots : il faut être certain qu'on a *le jugement de la pensée* parfaitement sain et droit, lorsqu'on se permet de porter un jugement ; quant à la manière d'écrire, nul ne saura mériter le titre d'écrivain s'il ne *possède à fond les bases sur lesquelles repose le principe virtuel de la langue de son pays*. (*Commentaires et Etudes*, p. v.)

> C'est une de nos convictions que presque personne en France ne possède sa langue, nous ne dirons pas en perfection, mais de façon à la manier seulement sans rencontrer l'occasion d'avoir à rougir ; conviction cruelle, déplorable, et que nous avons à cœur de combattre ; oui, tout le monde a besoin de se livrer à l'étude de sa propre langue, de tâcher de commettre le moins de fautes possible à son endroit. (*Idem, p.* VIII.)

> Tant que l'autorité n'aura pas fait de grammaire; tant que l'art grammatical sera entre les mains de

quiconque voudra se l'approprier, sans savoir conduire la barque, pour la diriger contre les continuels écueils qui s'y rencontrent ; il n'y aura jamais là que confusion, véritable tour de Babel, qui n'a sa pareille que dans l'antiquité la plus reculée. (*Commentaires et Etudes*, p. VIII.)

Les Grecs et les Latins avaient du bon sens ; et nous, il faut bien l'avouer quoi qu'il nous en coûte, nous n'avons pas le sens commun en matière de langage. (*Grammaire*, p. 172.)

A propos des variations de l'orthographe du verbe *faire*, M. Landais s'écrie :

A quoi aboutissent toutes ces bizarreries ? A accumuler difficultés sur difficultés, pas autre chose. Bon Dieu ! qui nous délivrera de tout cela ? Quand nous servirons-nous, pauvres hommes que nous sommes, de notre gros bon sens ?

Nous nous en tiendrons aux expressions de notre savant grammairien, et c'est d'après ses propres paroles que nous voulons le juger. Voici donc les questions que nous nous proposons d'examiner dans ces *Observations critiques* :

M. Napoléon Landais a-t-il toujours écrit *d'après les règles des lois établies par la jurisprudence souveraine des maîtres de l'enseignement*, parmi lesquels il tient un rang si distingué, règles d'après lesquelles *il est de toute rigueur nécessaire d'écrire, sous peine d'être taxé d'ignorance profonde ?*

M. Napoléon Landais a-t-il *toujours le jugement de la pensée parfaitement sain lorsqu'il se permet de porter un jugement?*

M. Napoléon Landais *possède-t-il à fond les bases sur lesquelles repose le principe virtuel de la langue de son pays*, et, par conséquent, *mérite-t-il le titre d'écrivain?*

M. Napoléon Landais est-il du très-petit nombre de personnes *qui possèdent leur langue de façon à la manier sans rencontrer l'occasion d'avoir à rougir? A-t-il commis le moins de faute possible à l'endroit de sa langue?*

Puisque l'*autorité* de M. Napoléon Landais nous a dotés d'une grammaire, puisqu'il a bien voulu s'*approprier l'art grammatical*, comment a-t-il su *conduire sa barque? Comment l'a-t-il dirigée contre les continuels écueils qui s'y rencontrent? N'y a-t-il point de confusion* dans ses ouvrages? Ne sont-ils point *une véritable tour de Babel, qui n'a sa pareille que dans l'antiquité la plus reculée?*

M. Napoléon Landais *a-t-il du bon sens comme les Grecs et les Latins?* ou bien *doit-il avouer, quoi qu'il lui en coûte*, qu'il doit être compté parmi nous autres Français, *qui n'avons pas le sens commun en matière de langage?*

Enfin, M. Napoléon Landais *s'est-il toujours servi, pauvre homme qu'il est, de son gros bon sens?*

Si le public veut bien jeter un coup d'œil sur nos *Observations critiques*, nous osons le lui assurer, ces questions à résoudre ne seront plus pour lui des problêmes; et il ne lui restera pas le moindre doute dans l'esprit. Du reste, nous pouvons aussi affirmer à nos lecteurs, en répétant les paroles de notre épigraphe, que *si notre critique est sévère, elle est par-dessus tout consciencieuse, puisqu'elle est toujours étayée par le raisonnement*. (Grammaire de M. Napoléon Landais, p. 172.)

M. Landais nous dit encore quelque part qu'*il y a des personnes qui adoptent sans examen tout ce qu'elles trouvent dans les grammairiens*. (*Gramm.*, *p.* 360.) Tel est précisément le motif qui nous a engagé à mettre au jour ces *Observations critiques*. Ce péril est surtout à craindre, sans doute, lorsqu'il s'agit d'un nom aussi sonore que celui de M. Napoléon Landais, d'une grammaire à trente-trois éditions comme celle de Noël et Chapsal, et d'un titre aussi imposant que celui de *Grammaire selon l'Académie*, que se sont approprié MM. Bonneau et Lucan.

OBSERVATIONS CRITIQUES

SUR

LES OUVRAGES DE M. NAPOLÉON LANDAIS.

CHAPITRE PREMIER.

ORTHOGRAPHE.

PARTICIPE DU VERBE *bénir*.

Grammaire, page 348. — *Bénir* a deux participes différents, *bénit*, *bénite*, lorsqu'il s'agit de choses, *pain bénit*, *eau bénite*, et *béni*, *bénie*, lorsqu'il est question de personnes.

OBSERVATION. — Il faut donc écrire : Il a *bénit* la main qui le comblait de bienfaits ; votre bonté que nous avons *bénite*, car ici il s'agit de choses.

DE L'ADJECTIF *grecque*.

Grammaire, p. 167. — L'Académie veut toujours qu'on écrive *grecque*, quoiqu'on écrive *caduque*, *publique*, *turque*, dont les masculins se terminent par la consonne *c*, de même que l'adjectif *grecque*. Ces quatre mots, étant de la même famille, devraient avoir la même forme finale au féminin.

Obs.—L'analogie sur laquelle se fonde le raisonnement de M. Landais est fausse. Le *c* serait tout à fait inutile dans *publicque*, *turcque*, *caducque* ; il n'en est pas de même dans *grecque*. Si on le supprimait, l'*e* deviendrait muet, par la raison qu'un *e* placé à la fin d'une syllabe est toujours muet quand il n'est pas marqué d'un accent ; *greque* se prononcerait presque *greuque*, ce qui sans doute sonnerait mal aux oreilles de M. Landais, et serait d'un autre côté contraire au principe qu'il établit ailleurs avec raison : « Que deux syllabes muettes ne peuvent se trouver à la fin d'un mot. »

DU MOT *saoul*.

Grammaire, p. 167. — Ecrivez aujourd'hui *soûl*, *soûle*, *soûler*, qui s'orthographiaient autrefois *saoul*, *saoule*, *saouler*. L'Académie conserve cependant les deux orthographes dans son nouveau dictionnaire. Nous préférons la première à la seconde, parce que nous n'avons jamais entendu prononcer *saoul*, mais *soûl*, comme s'il n'y avait point d'*a*.

Obs. — Nous ne désapprouvons pas la réforme de M. Landais, mais son raisonnement. Si de ce que M. Landais n'a jamais entendu prononcer *saoul*, il conclut qu'on doit supprimer l'*a*, pourquoi (p. 35) approuve-t-il l'*a* dans *a*oriste, t*a*on, S*a*ône, *a*oût et *a*oûteron, où il convient qu'il ne se prononce pas ?

DES MOTS EN *ème*.

Grammaire, p. 173. — L'auteur, après nous avoir dit qu'il n'a rencontré dans le nouveau dictionnaire de l'Académie qu'irrégularité et confusion, ajoute :

L'Académie écrit blasphème et blasphémer, quoique ces mots soient tirés du grec βλασφημία ; anathème et anathématiser, formés d'ἀνάθημα ; système et systématique.

Obs. — On écrit blasphème, anathème, système, parce que la dernière syllabe de ces mots est muette, ce qui n'a pas lieu dans les verbes dérivés de ces noms ; cette orthographe est basée sur la même raison qui fait écrire à l'auteur (p. 56) révéler, je révèle ; geler, je gèle ; peler, je pèle.

C'est ainsi encore que dans son dictionnaire

M. Landais écrit poussière et poussiéreux; ténèbres et ténèbreux; poème, poète et poésie, etc.

DU MOT *sébile*.

Grammaire, p. 166. — On écrit *sébile*, petit vase de bois, mais ce mot a sans doute été corrompu, car il vient du latin *cibilla*, employé pour signifier *un petit vase*, d'où il résulte qu'on dirait mieux *cibile* ou *cébille* que *sébile*.

Obs. — Ce n'est pas la conclusion que nous attendions : nous aurions cru que M. Landais nous aurait dit que le mieux était d'écrire *cibille*, puisqu'il vient de *cibilla*.

EMPLOI DE L'*y*.

Grammaire, p. 28. — Dans toutes les occasions où un mot de notre langue est d'origine grecque, le son *i* se rend en français par *y*, lorsque la syllabe a un upsilon en grec, cette règle est générale et de rigueur.

L'auteur nous donne ensuite la liste des mots les plus en usage dans lesquels le son d'*i* se rend par l'*y* étymologique.

Obs. — Au nombre de ces mots nous trouvons : *Alchymiste*, *chymie*, *Dyle* (rivière), *Lys* (rivière), *satyre*, *abyme*, *asyle*.

M. Landais écrit les deux premiers par un *i* dans son dictionnaire, et leur donne pour étymologie le mot grec χημεία, qui ne renferme pas d'upsilon.

Quant aux deux suivants, *Dyle*, *Lys*, il est à croire que M. Landais connaît les mots grecs d'où dérivent ces deux noms de rivières belges ; mais c'eût été rendre service à ses lecteurs que de les leur apprendre.

Satyre, substantif masculin, doit s'écrire par un *y*, puisqu'il vient du grec σάτυρος ; mais M. Landais pourrait-il nous dire la raison pour laquelle dans son dictionnaire il écrit par un *i satire*, substantif féminin, qui, suivant lui, a la même étymologie? La règle n'est donc pas si générale ni d'une telle rigueur qu'on ne puisse s'en écarter quelquefois. Pourquoi donc faire un crime d'écrire *asile* et *abime*, dont l'orthographe est autorisée par l'usage?

DES MOTS *scholastique* ET *scholiaste*, ETC.

Grammaire, p. 167. — Ecrivez *scholastique*, *scholiaste*, *scholie*, mieux que *scolastique*, *scoliaste*, *scolie*, à cause de leur primitif grec. On n'écrit cependant qu'*école*, mais la raison a cédé à l'usage.

OBS. — A la page 172, l'auteur, blâmant le redoublement des consonnes quand il ne se fait pas sentir à la prononciation, s'écrie :

« Comment! au lieu de simplifier, nous allons nous embarrasser de toutes les difficultés d'une langue étrangère, de la langue latine! »

A la page 28, comme nous venons de le remarquer, il condamne l'orthographe de *asile* et de *abime*, à cause de leur étymologie grecque.

Enfin, à la page 193, à propos de l'astérisque, M. Napoléon Landais nous fait observer qu'on ferait mieux de l'écrire à la française *astérique*; « mais, ajoute-t-il, on dit en latin *asteriscus*, et comme l'Académie veut que nous soyons Latins et Grecs avant d'être Français, écrivons avec elle *astérisque*. »

Que conclure de tout cela ? Que tour à tour M. Landais condamne et approuve l'orthographe étymologique; que tour à tour il veut que nous soyons *Latins*, *Grecs* ou *Français*.

DES ADJECTIFS NUMÉRAUX *vingt* ET *cent*.

Grammaire, p. 287. — Parmi les adjectifs de nombre cardinal, il y en a qui sont toujours terminés par un *s* ou par un *x*, comme *deux*, *trois*, *six*, *dix*; les autres ne prennent jamais le signe du pluriel, excepté *vingt* et *cent*, qui prennent un *s* lorsqu'ils sont multipliés par un autre nombre qui les précède et qu'ils sont immédiatement suivis par leur substantif; ailleurs ils n'en prennent jamais. Ainsi l'on dit quatre-vingts ans, trois cents hommes, six vingts chevaux, quatre cents livres, quatre-vingt-deux pieds, trois cent-cinquante livres, etc.

M. Napoléon Landais nous dit encore dans son dictionnaire :

Vingt prend un *s* quand il est multiplié par un autre nombre et suivi immédiatement d'un nom.

OBS. — Ne résulte-t-il pas de ces règles qu'il faut écrire sans *s* : Ils sont trois *cent*; vous étiez quatre-*vingt*; l'hôpital des quinze-*vingt*; car dans ces phrases *vingt* et *cent* ne sont pas suivis d'un substantif?

DU SUBSTANTIF *appui-main*.

Grammaire, p. 166. — Pourquoi écrire *appui-main* et *essuie-main*? Ne devrait-on pas écrire *appuie-main*? N'est-ce pas, en décomposant ces mots, ce qui sert à appuyer la main, comme ce qui sert à essuyer la main.

OBS. — Nous nous permettrons de faire observer à M. Landais que nous voyons une différence entre ces deux substantifs composés. On peut voir dans *appui-main* le substantif *appui* (un appui pour la main), tandis que dans *essuie-main* on ne peut trouver que le verbe *essuyer*.

DES MOTS TERMINÉS PAR UN *a*.

Grammaire, p. 22. — A la fin des mots le son de l'*a* peut être écrit par un *s* ou par un *t* : *pas*, *appas*, *chat*, *délicat*. Il n'y a que les mots étrangers, comme *opéra*, *errata*, etc., qui ne soient pas suivis de l'une de ces deux consonnes. Il ne faut pas en conclure que d'autres consonnes, telles que *d* et *b*, ne puissent pas suivre *a* à la fin des mots ; mais alors ce *b* ou ce *d* se font sentir.

Obs. — Ainsi, d'un côté, il n'y a que les mots étrangers en *a* qui ne soient pas suivis d'un *s* ou d'un *t* ; de l'autre, il ne faut pas croire que d'autres consonnes ne puissent pas suivre *a* à la fin des mots. Voilà des règles très-claires ! Et puis nous demanderons à M. Landais comment il concilie avec ces règles les mots : *Voilà, déjà, holà, cela, papa, magnolia, en deçà, pinchina, choléra* ; et les temps des verbes en *a*, il *aima*, il *jouera*, dont il parle lui-même dans l'article précédent.

DES MOTS TERMINÉS PAR UN *d*.

Grammaire, p. 50. — Au nombre des mots qui se terminent par un *d*, l'auteur cite le mot *nud* ; et ajoute :

« Les poètes écrivent souvent *nu*, mais ils ont bien des licences que les prosateurs auraient tort de s'approprier. Ce *d* est *nécessaire* dans ces mots, à cause de leur étymologie et de leur analogie avec ceux de : *chaude, froide, rondeur, nudité*..... *Vert* s'écrivait autrefois *verd* ; mais puisque nous avons le féminin *verte*, nous ne pourrions, sans nous montrer inconséquents, écrire *verd* au masculin et *verte* au féminin. »

Obs. — *Nu* s'écrivait autrefois *nud* ; mais puisque nous avons le féminin *nue*, nous ne pourrions, sans nous montrer inconséquents, écrire *nud* au masculin et *nue* au féminin (1). Aussi il y a long-temps que tous les prosateurs, et même M. Napoléon Landais dans son dictionnaire, se sont *approprié la licence* d'écrire *nu* sans *d*.

---

(1) En présence de tout raisonnement, il faut être conséquent, dit M. Landais à la page suivante.

A la page 167 de la *Grammaire de M. Landais*, nous lisons :

Orthographiez ainsi *cru* et *nu*, par la raison qu'on écrit au féminin *crue* et *nue*.

A la page 282 :

Crud, signifiant qui n'est pas cuit, fait au féminin *crue*.

Et en note :

L'Académie écrit *cru* au masculin dans ce sens.

Et le *Dictionnaire de M. Landais* aussi.

A la page 287 :

Crud, *nud*, ou *cru*, *nu*, font leur pluriel *crus*, *nus*, sans *d*.

Résumons : Page 50, le *d* est nécessaire dans le mot *nud*.
Page 167. On doit orthographier *cru* et *nu*.
Page 287. On peut écrire *crud*, *nud*, ou *cru*, *nu*.

Aliquando bonus dormitat Homerus (1).

DES VERBES EN *eter*.

Grammaire, p. 173. — Pourquoi écrire haleter et compléter ? Ne devrait-on pas raisonnablement orthographier haléter comme compléter, ou completer comme haleter ? Tous les autres verbes ne sont-ils pas en *eter*.

Obs. — Continuons le raisonnement de M. Landais. Pourquoi écrire jeter et végéter, cacheter et empiéter, feuilleter et répéter, fureter et inquiéter ? Tous ces verbes ne sont-ils pas en *eter* ? Ainsi, d'après cette judicieuse analogie, nous devrions dire ou jéter, cachéter, feuilléter, furéter ; ou végeter, empieter, repeter, inquieter.

Si, en fait de grammaire, on voulait toujours

---

(1) Ce qui veut dire, pour ceux qui n'entendent pas la langue d'Horace, que si par fois Homère sommeille, M. Landais peut bien dormir quelquefois.

ainsi raisonner par analogie, il n'y aurait pas d'absurdité qu'on n'enseignât.

DES MOTS EN *ége*.

Grammaire, p. 173. — On écrit d'après le nouveau dictionnaire de l'Académie allége, corége, cortége, liége, il abrége, il assiége. Est-ce donc la lettre g qui attire cet é? Mais nous écrivons règle, espiègle, interrègne, règne, alègre, intègre, nègre, etc., bègue, collègue; il allègue, quoiqu'on écrive alléguer; il délègue, quoiqu'on écrive déléguer; il relègue, quoiqu'on écrive reléguer. *Je vous allègue mon auteur*, dit l'Académie elle-même dans un de ses exemples; il est vrai que six lignes plus bas, dans le même mot, elle écrit dans un second exemple : *Alléguerez-vous que....* Mais il y a sans doute faute d'impression dans ce dernier cas; car il y a contradiction patente et positive.

OBS. — Pour réfuter l'orthographe des mots en *ége*, M. Landais pouvait se dispenser de nous accabler d'un si grand nombre d'exemples ; car, nous sommes fâché de le lui dire, tous ses exemples portent à faux ; ce n'est point la lettre g qui attire cet é, mais bien le son de ces deux lettres ge. Voilà pourquoi il approuve lui-même (p. 115), quoiqu'il la désapprouve ailleurs, l'orthographe de ces mots: Parlé-je, eussé-je. La plupart des grammairiens adoptent cette orthographe, se fondant sur un usage dont pourtant M. Landais nie l'existence : « Nous prétendons, nous, dit-il à la page 174, que tout le monde, même ceux qui écrivent collége, solfége, etc., prononcent (1) comme s'il y avait collège, solfège. » Mais nous nous défions un peu de l'oreille de M. Napoléon Landais depuis qu'il nous a assuré (p. 58) qu'il entend toujours prononcer *périle*.

---

(1) M. Landais emploie le pluriel après tout le monde. Il dirait donc : Tout le monde *ont* cette prononciation.

M. Landais trouve une contradiction patente et positive entre ces deux orthographes que donne le dictionnaire de l'Académie, j'allègue et allèguerez-vous. Cette différence d'orthographe n'est-elle point au contraire fondée en raison? Dans j'allègue, l'*e* qui se trouve dans la pénultième doit être ouvert parce que la dernière syllabe du mot est muette, et que dans ce cas le son muet ou aigu choque l'oreille (excepté pour les mots en *ège*); mais dans j'alléguerai, vous alléguerez, etc., le son aigu n'est-il pas plus agréable que le son ouvert? Le son de l'*e* doit-il être le même dans j'appelle et dans j'appellerai, dans ils jettent et dans ils jetteraient? Ne doit-on pas prononcer j'appèle et j'appélerai; ils jètent et ils jéteraient? Ne doit-on pas écrire je gèle et je gélerai, ils cèdent et ils céderont? Cette prononciation n'est-elle pas en analogie avec celle de se démener, événement, décevoir, etc.? Nous laissons la solution de cette difficulté à d'autres oreilles que celles de M. Landais.

DU REDOUBLEMENT DE *l*.

Grammaire, p. 56. — Cette lettre se redouble après la voyelle *e* toutes les fois que celle-ci se prononce avec un son ouvert; ainsi l'on écrit : *j'appelle, je renouvelle*, etc.

A la colonne suivante, même page, l'auteur dit :

« Le présent des verbes c*eler*, chap*eler*, cis*eler*, déman*teler*, g*eler*, harc*eler*, mart*eler*, p*eler*, rév*éler*, ruiss*eler*, fait : je c*èle*, chap*èle*, cis*èle*, déman*tèle*, g*èle*, harc*èle*, mart*èle*, p*èle*, ruiss*èle*; les autres doublent ordinairement *l* comme il app*elle*, etc. »

Nous lisons à la page 173 :

« Ne serait-il pas plus simple que tous les adjectifs féminins en *èle*, et les verbes qui ont cette consonne finale et qui sont au présent de l'infinitif terminés en *eler*, *eler*, *ener*, doublassent, sans aucune exception, leur consonne devant l'*e* muet. »

Et c'est effectivement la règle que donne l'auteur, page 336.

Obs. — Ainsi, d'un côté, l'*s* se double toutes les fois que l'*e* se prononce avec un son ouvert; et de l'autre, voici beaucoup d'exceptions qui ne sont appuyées sur aucun motif, et à la suite desquelles l'auteur nous dit qu'*ordinairement* on double la consonne dans les autres cas, ne nous parlant d'ailleurs que du présent des verbes exceptés, et nous laissant dans l'incertitude pour les autres temps. Est-ce là l'exactitude grammaticale tant promise?

DU REDOUBLEMENT DE *n*.

Grammaire, p. 58. — L'usage est d'écrire avec deux *n* : ils *prennent*, ils *apprennent*, ils *entreprennent*; cet usage a déplu à quelques auteurs, parce que le son y est le même que dans ils *mènent*, ils *promènent*, etc. Si l'on écrit ils *mènent*, ils *promènent* par un seul *n*, et ils *prennent*, ils *apprennent* par deux, c'est que les deux premiers verbes sont de la première conjugaison, tandis que les autres sont de la quatrième.

Obs. — Voilà, je pense, une réfutation solide! Après une pareille raison comment y aurait-il encore des auteurs tentés d'écrire ils *prènent* comme ils *mènent*? Ne valait-il pas mieux dire qu'ici, comme dans bien d'autres cas, l'usage tient lieu de raison?

DU REDOUBLEMENT DU *c*.

Grammaire, p. 172. — Orthographier acolade, acroître, acumuler, ocasion, ocuper, sucomber, etc., par un seul *c* nous semblerait être tout à fait du génie de notre langue, puisque dans ces mots une seule consonne se fait sentir....

On nous répondra, à nous surtout qui proclamons haut et ferme le bienfait de l'étymologie, que c'est à cause de cette étymologie. Mais pourquoi *apaiser*, *apercevoir*, *aplanir*, etc., que l'autorité écrit ainsi avec sa raison de bon plaisir, ne s'écrivent-ils pas *appaiser*, *appercevoir*, *applanir*, comme *appeler*, *accourir*, *accumuler*?

OBS. — Sans suivre M. Landais dans une longue discussion où il entre au sujet des étymologies de ces trois verbes *apaiser*, *apercevoir*, *aplanir*; sans examiner s'il a raison d'envelopper dans sa critique jusqu'aux Latins eux-mêmes, nous nous contenterons de faire observer que ceux qui n'ont pas fait des études approfondies sur la langue latine comme M. Landais trouvent convenable l'orthographe d'*apaiser*, d'*apercevoir* et d'*aplanir*, parce qu'ils voient dans ces trois mots la préposition française *à* et les mots *paix*, *percevoir*, *plan*.

s EUPHONIQUE.

Grammaire, p. 330. — La seconde personne du singulier d'une forme quelconque est terminée par un *s*, excepté à l'impératif; observation utile pour l'orthographe.

Idem, p. 361. — Nous avons vu que la seconde personne du singulier du présent de l'impératif n'est pas terminée en *s*; néanmoins si elle est suivie de l'adverbe *y*, on lui donne une *s* par euphonie : *vas-y toi-même*, *cueilles-y des fleurs*.

OBS. — Nous remarquons ici une double inexactitude. D'abord il n'est pas vrai que la seconde personne du singulier de l'impératif s'écrive toujours sans *s*; il n'y a que *va* et les secondes personnes en *e* muet qui ne prennent pas d'*s* à l'impératif.

En second lieu, outre le pronom *y*, le pronom *en* exige aussi l'addition de l'*s*. Emportes-en; cueilles-en.

Enfin, l'auteur aurait dû ajouter que lorsque *en* et *y* ne se rapportent pas au verbe à l'impératif, celui-ci ne prend pas d'*s*. On dit *va* en chercher, et non pas vas en chercher; *va* y songer, et non pas vas y songer.

DU *trait d'union.*

Grammaire, p. 185. — Quand après les premières et secondes personnes de l'impératif il y a pour complément l'un des mots : *moi*, *toi*, *nous*, *vous*, etc., on le joint au verbe par un trait; l'on met même un second trait s'il y a de suite deux de ces mots pour complément de l'impératif. *Donne-le-moi; flattons-nous-en.* On écrit *faites-moi lui parler*, et non *faites-moi-lui parler;* parce que *lui* est complément de *parler*, et non pas de *faites*. Il ne faudrait pas même mettre de trait entre *faites* et *moi*, parce que *moi* n'est pas complément de *faites*, mais le sujet de la proposition indéfinie et subordonnée *moi lui parler*, qui équivaut à *que je lui parle.*

OBS. — On écrit *faites-moi lui parler*, et non pas *faites-moi-lui parler*, et deux lignes plus bas : « Il ne faudrait pas même mettre de trait entre *faites* et *moi*. » Est-ce là l'exactitude d'un grammairien? Peu importe, du reste, comment on doit écrire cette phrase, que toute personne de goût n'écrira jamais!

L'auteur, qui donne ici cette règle, approuve à la page suivante Boinvilliers qui la blâme.

Nous ferons remarquer deux incorrections que commet ici M. Landais. Il ne devait pas dire : *Quand après les premières et secondes personnes;* les deux adjectifs ne se rapportant pas au même objet, il fallait : *Quand après les premières et les secondes personnes.* (Grammaire de M. Landais, page 439.) M. Landais dit encore, p. 40 : « Toutes les premières et troisièmes personnes. »

M. Landais ne devait pas dire non plus : « *L'on*

met même un second trait. » C'est *on* et non pas *l'on* qui devait s'employer ici. (*Grammaire de M. Landais*, p. 307.)

Grammaire, p. 185. — Il faut joindre par un trait d'union les noms de nombre composés, tels que *dix-sept*, *dix-huit*, etc., *deux cent-un*, *deux cent-deux*, etc.

Obs. — Cette règle ainsi énoncée m'apprend-elle pourquoi l'on ne met pas de trait d'union entre *deux* et *cent* comme entre *cent-et-un?* Ne fallait-il pas ajouter que ce trait d'union tient la place de la conjonction *et?*

Grammaire, p. 185. — On met un trait entre les pronoms et l'adjectif *même* : *moi-même*, *nous-mêmes*.

Obs. — En faut-il dans *ceux mêmes*, *cela même*, *le vôtre même*, etc., etc.

L'auteur ne devait donc pas appliquer cette règle aux pronoms en général, mais aux pronoms personnels.

DE L'*élision*.

Grammaire, p. 118. — Voiture dit :

« Mais cependant je suis dedans l'onzième. »

Ce qui montre qu'autrefois on faisait l'élision, et qu'on peut absolument la faire encore ou aspirer l'*o*, comme on jugera à propos.

Obs. — Nous ne dirons rien de cette décision au sujet de onzième, mais nous ferons remarquer que si le raisonnement de M. Landais est concluant, on pourra justifier de même l'emploi de toutes ces vieilles expressions et tournures de phrases que l'on trouve dans Voiture et dans ses contemporains. Si de ce que Voiture dit *l'onzième*, M. Landais conclut qu'on peut le dire encore, pourquoi de ce qu'il a dit *dedans* l'onzième ne conclurait-il pas aussi que nous pouvons dire : *Dedans* la France, *dedans* Paris, *dedans* la grammaire de M. Napoléon Landais ?

Ajoutons que, à la page 183, l'auteur nous dit :

Le, la, les, que, ne s'élident pas devant onze, onzième, le onze du mois, la onzième heure.

DE L'*apostrophe*.

Grammaire, p. 182. — L'apostrophe orthographique en grec, en latin et en français, ainsi que dans d'autres langues, marque le retranchement ou l'élision d'une voyelle ou d'une consonne.

Un peu plus bas, même page et même colonne :

« En français, l'apostrophe est le signe d'une voyelle retranchée, *parce qu'on ne retranche aucune consonne.* »

Obs. — Si l'on ne retranche aucune consonne, comment l'apostrophe peut-elle marquer le retranchement d'une consonne ?

Grammaire, p. 183. — On retranche l'*e* final de quelque devant *un*, *autre*, *il*, *elle*. Devant tout autre mot il ne se retranche point.

Voici trois phrases des *Commentaires et Etudes* de M. Landais, où cette règle se trouve violée, et que nous l'engageons à corriger dans une prochaine édition :

Comm. et Etudes, p. XLIV. — L'ellipse est vicieuse toutes les fois qu'elle donne lieu à *quelqu'équivoque*.

P. 156. — Si vous aviez *quelqu'ami* près de vous, il prendrait part à vos chagrins.

P. LVI. — On emploie souvent les figures ou tropes pour réveiller une idée principale par le moyen de *quelqu'idée* accessoire.

On peut y ajouter cette quatrième phrase du même ouvrage (p. 254) :

L'objet le plus aimable et le plus aimé nous cause souvent les peines et les souffrances les plus amères, quoiqu'involontairement.

M. Landais nous dit, p. 183 de sa grammaire :

L'e final de quoique s'élide seulement devant *il*, *elle*, et devant *un*, *une*, employé comme adjectif prépositif.

Il aurait dû y ajouter *on*; car on écrit *quoiqu'on* et non *quoique on*.

FAUTES DE *participes*.

Nous engageons aussi M. Landais à faire corriger dans une autre édition les phrases suivantes, où la règle des participes se trouve violée :

Commentaires et Etudes, p. 84. — Adieu pour toujours à ces lieux tranquilles qui vous ont *vu* naître.

M. Landais, parlant à une femme, devait écrire *vue*.

Comm. et Etudes, p. 203. — Hélas! hélas! qu'est-ce que la patrie, lorsque cette terre qui nous a *vu* naître devient pour nous un triste lieu d'exil ?

Il fallait *vues*, le complément direct étant le pronom *nous*, et se trouvant placé avant le participe.

Grammaire, p. 200. — Nous nous sommes *laissés* entraîner à l'idée de cette confiance réciproque.

Laissés ne doit pas prendre d'*s*, étant suivi de son complément direct, qui est ici entraîner.

Nous trouvons une faute contraire dans cette phrase de la page 604. L'auteur parle des poésies d'André Chénier :

« Il en est d'autres qu'il aurait *laissé* subsister. »

Laissé devait s'écrire *laissées*. Ce n'est pas l'infinitif qui est le complément direct.

M. Landais nous dit à la page 59 de sa *Grammaire:*

Nous ne nous sommes pas contentés de poser les règles des participes, si simples, et en même temps si difficultueuses pour ceux qui les ignorent; nous les avons rendues faciles par une multitude d'exemples.

Les phrases que nous venons de citer prouvent que les règles des participes ne sont pas difficultueuses seulement *pour ceux qui les ignorent* (supposé toutefois qu'on puisse éprouver des difficultés pour une chose qu'on ignore).

Comm., p. 22, M. Landais nous dit en parlant des tombeaux de Saint-Denis :

« La France, l'un des pays du monde le plus tôt et le mieux *civilisé*, avoit consacré ces dernières demeures. »

Obs. — *Civilisé* ne doit pas être au singulier? Cette faute, qui peut être excusée dans un auteur, n'est pas excusable dans un grammairien aussi bon logicien que M. Landais. Après un de, un des, il ne faut jamais mettre le verbe ou l'adjectif au singulier que quand l'action ou la qualité n'est évidemment attribuée qu'à un objet. On doit dire, par exemple, c'est un de mes parents que vous avez *vu*; c'est un des amiraux qui *commandera* la flotte. Mais dans la phrase de M. Landais il est question de plusieurs pays civilisés; cet adjectif ou participe, comme on voudra, devait donc être au pluriel.

LETTRES MAJUSCULES.

Grammaire, p. 178. — On nous permettra de regarder cette orthographe des majuscules au commencement de chaque vers comme un des plus ridicules abus de l'usage. N'est-il pas en effet bizarre de voir des prépositions et des conjonctions avec des majuscules?

Obs. — Nous craignons bien qu'en lisant cette

observation de M. Landais, ce ne soit cette réflexion qu'il fait ici que les lecteurs trouveront ridicule et bizarre, plutôt que l'usage qu'il condamne. Ce n'est point en leur qualité de conjonctions ou de prépositions que ces mots prennent une lettre majuscule, mais comme premiers mots du vers.

CHAPITRE II.

PRONONCIATION.

PRONONCIATION DE L'*i*.

Grammaire, p. 27. — L'*i* ne se prononce pas dans les mots *encoignure*, *oignon*, *poignant*, *poignard*, *poignée*, *poignet*, *poitrine*, *poitrail*. Au théâtre, on prononce *poègniar*, *poètrine*. D'abord cet *oè* ne nous semble nullement harmonieux ; il est même de mauvais goût.

Obs. — Ouvrons le dictionnaire de M. Landais. Aux articles *poitrine* et *poitrail* nous lisons : Prononcez *poètrine*, *poètraie*. (Ce qui selon nous veut dire prononcez *poètré*.)

Et ici voici M. Landais à qui cette prononciation ne semble nullement harmonieuse, et même de mauvais goût, et qui trouve plus d'harmonie et de goût dans celle de *potrail* et de *potrine*.

Quant à nous, nous sommes de l'avis de M. Landais, auteur du *Dictionnaire des Dictionnaires*, et non de l'avis de M. Landais, auteur de la *Grammaire des Grammaires*.

PRONONCIATION DU *c*.

Grammaire, p. 49. — Au nombre des mots dans lesquels le *c* ne se fait pas sonner, M. Landais cite *Marc* et *donc*, en ajoutant que dans celui-ci le *c* n'est nul que devant une consonne.

Obs. — Première inexactitude : Le *c* se prononce dans *Marc*, nom d'homme.

Seconde inexactitude : Il se prononce aussi dans *donc*, même devant une consonne, lorsque ce mot est placé au commencement d'une proposition pour énoncer la conséquence tirée d'un raisonnement : *Donc* vous vous trompez, *donc* M. Landais a commis une inexactitude.

PRONONCIATION DE L'*n*.

Grammaire, p. 195. — Le *n* final ne se prononce pas plus dans la haute prononciation que dans la prononciation commune.... Si l'usage veut que l'on prononce *mo nami*, *un bo nauteur*, *o nattend*, et autres semblables, cette prononciation, qui est aujourd'hui de règle, n'a pu être dans son origine qu'une licence, ou même qu'une prononciation vicieuse.

Obs. — Il est à regretter sans doute pour les oreilles amies des sons harmonieux, que M. Landais, qui en tant d'endroits s'élève contre les licences et les vices de langage, ne se soit pas récrié contre cette mauvaise prononciation, et n'exige pas qu'on dise : *mon hami*, *un bon hauteur*, *on hattend*, comme si ces mots commençaient par une *h* aspirée.

PRONONCIATION DU MOT *péril*.

Grammaire, p. 58. — L'Académie et plusieurs lexicographes prétendent que *l* final doit avoir le son mouillé dans *péril*; nous ne sommes pas de cet avis; si *mil*, sorte de grain, se prononce *miie*, c'est parce que ce mot a servi sans doute à former celui de *millet*, qui est son diminutif; c'est aussi surtout pour distinguer ce mot du nombre *mil*;

mais il n'en est pas de même de *péril*, qui n'offre aucune raison plausible de le prononcer autrement que *périle*. Quelques-uns veulent que *il* de *péril* soit mouillé à cause de l'adjectif *périlleux*; nous affirmons, nous, que nous entendons toujours prononcer *périle*.

OBS. — Puisque M. Landais convient que l'Académie et plusieurs lexicographes prétendent que *l* final doit avoir le son mouillé dans *péril*, comment peut-il affirmer qu'il entend toujours prononcer *périle*? Sur quoi donc l'Académie et les lexicographes se seraient-ils appuyés? Comment peut-il convenir aussi que la dérivation *millet* est suffisante pour faire prononcer *mil* avec le son mouillé, et nier que *périlleux* suffise pour donner la même prononciation à *péril*? Il nous semble que si l'on doit dire *périle*, il faut dire aussi *périleux*, comme *tranquille* fait prononcer *tranquillité*.

M. Landais prononce aussi *babile* dans son dictionnaire; pourquoi fait-il donc prononcer *babiiard*?

PRONONCIATION DU MOT *voler*.

Grammaire, p. 103. — *Voler*, signifiant dérober, et *voler*, aller en l'air, ne diffèrent que par la prononciation de la première syllabe qui est longue dans le premier, et brève dans le second. Il en est de même de *tâche* (pensum) et de *tache* (macula).

OBS. — D'après cette analogie, M. Landais veut apparemment qu'on prononce vôler, il vôle, il s'est envôlé. Nous doutons que l'auteur ait puisé cette prononciation dans la bonne compagnie de la capitale.

PRONONCIATION DU MOT *gangrène*.

Grammaire, p. 53. — On prononce *kanguerène*, disent tous les dictionnaires et la plupart des grammairiens; pourquoi cette prononciation vicieuse et contre nature?...

Nous répudions comme absurde cette métamorphose du *g* en *c* ou *k* dans la prononciation.

Obs. — Mais pourquoi M. Landais ne trouve-t-il pas absurde le son du *g* dans se*c*ond et ses dérivés (p. 49), celui du *t* dans gran*d* homme, gran*d* arbre (p. 50), celui du *v* dans neu*v* écus, neu*v* enfants, neu*v* aunes ? N'est-ce pas pour éviter une consonnance trop rude que dans *gangrène*, comme dans ces autres mots, on substitue un son à un autre ?

PRONONCIATION DE *aimé-je, puissé-je*.

Grammaire, p. 24. — Nous disons *aimè-je, puissè-je*, et non pas *aime-je, puisse-je*.

Idem, p. 115. — Quelquefois c'est un accent et non pas une articulation qui produit l'euphonie, et l'on pourrait l'appeler accent euphonique. Ainsi l'on dit : Puissé-je voir ma patrie heureuse ! parlé-je trop haut ? eussé-je mille fois plus de pouvoir, je n'en abuserais pas ; au lieu de puisse-je, parle-je, eusse-je, expressions qui seraient conformes aux règles de la grammaire, mais plus difficiles à prononcer, à cause des deux *e* muets consécutifs.

Obs. — Est-ce aimè-je, puissè-je, ou aimé-je, puissé-je, ou l'un et l'autre qu'il faut prononcer ?

Est-il bien vrai que ce soient *les deux e muets consécutifs* qui rendent la prononciation de ces mots difficile ? Dans *redemander*, où il y a deux *e* muets de suite, la prononciation est-elle difficile ? L'est-elle dans *redevenir*, où il y en a trois ?

DE L'*hyatus*.

Grammaire, p. 116. — A propos de l'*hyatus*, l'auteur cite ces deux vers si connus :

« Celui qui met un frein à la fureur des flots
» Sait aussi des méchants arrêter les complots. »

Et il est tenté de croire que cet *hyatus* est ici un vice

produisant un de ces effets pittoresques dont on sait tant de gré à ceux qui ont osé s'élever au-dessus de l'art pour le perfectionner, ou plutôt pour le surpasser en l'abandonnant. Il semble, *ajoute-t-il,* que l'on se sente arrêté par cette même toute-puissance qui met un frein à la fureur des flots. Nous ne prétendons pas dire que le poète ait eu explicitement cette intention; mais il est certain que le fondement des beautés qu'on admire avec enthousiasme dans le *procumbit humi bos* n'a pas plus de solidité.

Obs. — Nous ne savons combien de fois M. Landais s'est *enthousiasmé* devant les beautés du *procumbit humi bos;* mais nous croyons qu'un homme de goût n'y a jamais vu qu'une belle onomatopée.

Nous ferons remarquer en outre à M. Landais que le *fondement de sa justification n'a pas beaucoup de solidité,* puisque d'après la définition de M. Landais lui-même le vers de Racine ne renferme pas d'hyatus.

En effet, nous lisons, p. 115 :

L'hyatus peut se trouver, ou entre deux mots, dont l'un finit et l'autre commence par une voix simple, ou dans le corps même d'un mot, où il se trouve de suite plusieurs voix simples non articulées.

Et à la page 605 :

L'hyatus, dans la poésie comme dans la prose, est le choc sans élision possible de deux voyelles dont l'une finit un mot et l'autre commence le mot suivant.

D'après cette double définition, comment M. Landais a-t-il pu voir un hyatus dans les deux vers cités plus haut ?

Grammaire, p. 118. — Si en se servant de ces expressions *pié à pié, pié à terre,* on veut éviter l'hyatus, il faut écrire *pied à pied, pied à terre,* et faire sonner le *d* comme un *t.*

Obs. — Pourquoi nous recommander d'écrire *pied* quand on veut éviter l'hyatus? N'est-ce pas supposer qu'on peut l'écrire autrement? Et pourtant tous les dictionnaires, même celui de M. Landais, n'admettent que cette orthographe.

DE L'*s*.

Grammaire, p. 188. — La lettre *s* à la fin d'un mot n'empêche pas qu'on ne donne à ce mot le son qui lui est propre : *bonté*, *succès*, etc.

Obs. — Prononce-t-on il aima comme tu aima*s*, il a comme tu a*s*, il aimait comme tu aimai*s*, un objet comme des objet*s*, un soldat comme des soldat*s*, un matelot comme des matelot*s*? Donc l'*s* modifie quelquefois le son du mot à la fin duquel elle se trouve placée. M. Napoléon Landais voulait nous dire sans doute que l'*s* à la fin d'un mot n'empêche pas l'emploi de l'accent; ce qui est bien différent de ce qu'il a dit.

Nous lisons à la page 330 :

Il faut distinguer soigneusement le futur simple ou absolu de l'indicatif, et le présent et futur du conditionnel (*j'aurai*, *j'aurais*; *je serai*, *je serais*); on confond souvent l'un avec l'autre, soit en parlant, soit en écrivant, ce qui est une faute qui expose à des contre-sens graves. On doit appliquer la même remarque à tous les autres verbes.

Comment pourra-t-on distinguer *en parlant* je *serai* de je *serais*, si la lettre *s* n'influe en rien sur la prononciation?

CHAPITRE III.

DU SUBSTANTIF.

EMPLOI DU *nombre*.

Grammaire, p. 430. — Nous écrivons une purée de pomme de terre, parce qu'on dit : *La pomme de terre est saine*.

Obs. — Ne serait-il pas plus logique de dire : Il faut écrire une purée de *pommes* de terre, parce qu'on ne dirait pas : Une purée faite avec de la pomme de terre, mais avec des *pommes* de terre?

QUELQUE CHOSE.

Grammaire, p. 417. — *Quelque chose* veut toujours ses correspondants au masculin.

Idem, p. 233. — *Chose* est toujours féminin, comme *une belle chose;* mais s'il est précédé de *quelque*, il change de genre et devient masculin : C'est quelque chose de bien *dur*. Dans ce cas il cesse d'être substantif, et devient pronom indéterminé.

Obs. — Il faut donc dire : Quelque chose qu'il ait *dit*, quelque chose qu'il ait *fait*. L'auteur a oublié de nous parler du cas où quelque chose signifie *quelle que soit la chose*.

COUPLE.

Grammaire, p. 233. — *Couple* est féminin quand il signifie deux choses de même espèce qu'on met ensemble, comme *une couple d'œufs, une belle couple de mules*, etc.; mais il est masculin quand il signifie deux personnes unies par le mariage, comme : *C'est un beau, un heureux couple*.

Obs. — Si couple est masculin seulement quand il signifie deux personnes unies par le mariage, il faut dire *une* couple de poulets, quand on parle de deux poulets mis ensemble dans une basse cour, comme quand il s'agit de deux poulets mis à la broche ; *une belle* couple de serins, en parlant du mâle et de la femelle, comme lorsqu'on désigne simplement deux oiseaux sans distinction de sexe ; M. Guizot a fait une faute en disant : *Un* couple de pigeons est suffisant pour peupler une volière ; et Châteaubriand une plus forte encore, en disant : *Un beau* couple de vases, etc.

Nous croyons que M. Landais se trompe, et que le mot couple est masculin chaque fois qu'à l'idée de nombre il ajoute celle d'union durable et même de simple assortiment.

GENS.

Grammaire, p. 233. — *Gens* est masculin quand il est suivi d'un adjectif : Des gens *heureux ;* mais il est féminin s'il en est précédé : De *vieilles* gens.

Obs. — Si cette manière de parler est exacte, nous demanderons à M. Landais de quel genre est le mot *gens* lorsqu'il n'est accompagné d'aucun adjectif, comme dans cette phrase : Il y a des *gens* qui ne redoutent rien ; ou bien lorsqu'il est accompagné de deux adjectifs dont l'un est masculin, et l'autre féminin, comme dans la phrase suivante que cite l'auteur au même endroit : Les *vieilles gens* sont ordinairement *hargneux*.

CHAPITRE IV.

ARTICLE.

RÉPÉTITION DE L'*article* DEVANT LES SUBSTANTIFS.

Grammaire, p. 438. — Quand on emploie l'article, on doit le répéter avant tous les substantifs, sujets ou régimes.

Et un peu plus bas, à la colonne suivante :

Il n'y a aucune exception à cette règle.

OBS. — P. 16, M. Landais définit ainsi l'alphabet :

On appelle alphabet la collection *des signes ou lettres* qui représentent les sons ou les caractères écrits d'une langue.

Page 194, M. Landais dit encore :

La conversation ou prononciation familière.

Et page 226 :

La plupart des grammairiens ont défini *le nom ou substantif* un mot qui signifie une substance.

Et page 56 de ses *Commentaires* :

On emploie souvent *les figures ou tropes* pour réveiller une idée principale par le moyen de quelqu'idée accessoire.

Si ces quatre phrases sont correctes, comme on ne peut en douter, il y a des exceptions à la règle que l'on nous donne comme sans exception.

Voici, au contraire, deux phrases des *Commentaires et Etudes* de M. Landais, où il devait suivre la règle qu'il pose, et où l'omission de l'article est vicieuse :

P. 53. — C'est donc d'accord avec *les père et mère* de ces aimables personnes que nous venons livrer au public quelques lignes de leur correspondance.

P. 97. — Pour ce qui est du Théâtre français, jamais celui qui bâille à la lecture de Racine ne sera à portée de juger le talent et le mérite *des auteurs et acteurs*, qui font de notre Théâtre français le premier théâtre du monde.

RÉPÉTITION DE L'ARTICLE AVEC LES ADJECTIFS.

Grammaire, p. 438. — Lorsque deux adjectifs ont pour motif un substantif exprimé, et l'autre un substantif sous-entendu, l'article doit se répéter. L'histoire ancienne et *la* moderne. Les philosophes anciens et *les* modernes.

OBS. — Nous ferons observer à l'auteur, ou que sa règle est fausse, ou que cette phrase que nous lisons, p. 581 de sa grammaire, est incorrecte :

Dans l'intérêt de est une locution qui a pris faveur et qui s'est glissée furtivement jusques dans les administrations *civiles et militaires*.

De même que celle-ci de la page 599 :

Les brèves et les longues caractérisent magnifiquement les poésies *grecques et latines*.

De même que celle-ci des *Commentaires et Etudes*, p. 197, est vicieuse par une raison contraire :

Je n'ai pas besoin de vous redire *ses* belles et *ses* nobles qualités.

Ce ne sont pas les mêmes administrations qui sont civiles et militaires, ni les mêmes poésies qui sont grecques et latines, mais ce sont les mêmes qualités qui sont belles et nobles.

Nous ajouterons cependant que les deux premières phrases ne nous paraissent vicieuses que d'après la règle de M. Landais, et non en elles-mêmes.

M. Napoléon Landais dit encore (*Gramm.*, p. 601) :

Les versificateurs *anciens et nouveaux* font tous rimer abusivement o long avec o bref.

Voici une phrase qui renferme une double incorrection :

Grammaire, p. 226. — On voit dans toutes les langues des substantifs qui n'admettent que le singulier; il en est même qui n'ont que le pluriel. D'autres enfin se prêtent également *aux genres masculin et féminin*.

OBS. — D'abord les deux adjectifs ne qualifiant pas le même objet, l'article devait être répété.

En second lieu, s'il est permis à M. Landais de mettre un substantif au pluriel avec deux adjectifs au singulier, nous ne voyons pas qu'il pût condamner ces phrases : *Les* premier et second *chevaux*; *les* grand et petit *hôpitaux*, au lieu de : Le premier et le second cheval ; le grand et le petit hôpital.

Le DEVANT *plus, mieux, moins.*

Grammaire, p. 424. — L'article devant le superlatif comparatif s'accorde toujours avec le substantif qui est énoncé avant; dans le superlatif absolu, au contraire, il reste toujours invariable....

Après avoir fait l'application de cette règle à des exemples faciles, l'auteur ajoute :

En suivant la règle que nous venons d'établir, on ne peut pas errer dans la construction de l'article.

OBS. — On ne peut pas *errer* si l'on se borne à des cas aussi simples que ceux qui sont cités ; mais si l'on en vient à de plus difficiles, voyons si la règle de M. Landais est un guide sûr. Cette règle obligerait à dire :

« C'est ma sœur qui écrit *la* mieux.
» Ce sont mes frères qui arriveront *les* plus tôt.
» Ce sont eux qui agissent *les* plus négligemment.
» De toutes ces personnes, c'est celle qui me plaît *la* plus. »

Car dans toutes ces phrases il y a un *superlatif comparatif*; et pourtant ces manières de parler sont contraires au bon usage.

Voici deux phrases de M. Landais :

Nous nous sommes efforcés de démontrer l'art d'écrire les mots de la langue, conformément à l'usage reçu et adopté par les plus purs écrivains, et par les grammairiens *le* plus en crédit.

Comment., p. 29. — Il est donc bon, il est même presque toujours utile de réveiller les oreilles, de rappeler les esprits même attentifs, même *le* mieux prédisposés, en les reportant par la pensée vers ce qu'on a déjà dit.

N'y a-t-il pas ici un véritable comparatif? Pourquoi donc, contrairement à sa règle, M. Landais laisse-t-il *le* invariable?

A propos de *le plus, le moins, le mieux*, nous demanderons si ces adverbes destinés à exprimer la qualité dans un très-haut degré peuvent se placer devant les adjectifs qui déjà expriment cette qualité par eux-mêmes, et si l'on peut dire comme M. Landais :

On convient généralement que notre belle langue, aujourd'hui *la plus universelle* de toutes les langues, n'a point de dictionnaire parfait, humainement parlant, de sa langue. (*Dict.*, p. 5.)

L'universalité est une perfection absolue, et rejette toute modification en plus ou en moins. C'était *répandue* que l'auteur devait employer.

CHAPITRE V.

DES ADJECTIFS DÉTERMINATIFS.

RÉPÉTITION DES ADJECTIFS DÉTERMINATIFS.

Grammaire, p. 298. — Il en est des adjectifs possessifs avant l'adjectif comme de l'article ; ils suivent la même loi quant à leur répétition. On doit donc les répéter quand les adjectifs marquent un sens opposé ou différent, mais on ne les répète pas quand les adjectifs sont à peu près synonymes, comme : *Je lui ai montré* mes *plus beaux et plus magnifiques habits.*

Obs. — A la page 439, après avoir cité cette règle de Wailly : « L'article se répète avant les adjectifs, surtout lorsqu'ils expriment des qualités opposées », l'auteur ajoute avec Girault-Duvivier :

C'est là une règle copiée par le plus grand nombre des grammairiens, et qui est, comme le fait observer Domergue, absolument fausse.... L'article peut ne pas se répéter quoique les adjectifs expriment des qualités opposées : on dit fort bien : Le simple et sublime Fénélon; le naïf et spirituel Lafontaine.

Comme on le voit, l'auteur a copié, aussi lui, à la page 298 une règle dont il reconnaît la fausseté à la page 439. Nous ne croyons pas que l'on puisse jamais omettre la répétition de l'adjectif possessif ni de l'article devant deux adjectifs précédés de *plus* et d'autres adverbes analogues, et qu'on puisse dire, si ce n'est en style marotique : *Mes* plus beaux et plus magnifiques habits; *vos* plus sages et plus diligents écoliers, *les* maisons *les* plus solides et mieux bâties ; *les* histoires *les* plus exactes et plus véridiques ; tandis que, malgré la différence du sens, on doit dire sans répéter l'adjectif possessif. *Votre* fidèle et courageux serviteur, *votre* longue et plaisante lettre.

Grammaire, p. 452. — Il faut dire : *Mes frères et mes sœurs ont quitté la France*, et non pas : *Mes frères et sœurs.*

Obs. — Et pourtant, page 438, l'auteur avait dit :

Ferait-on une faute en disant *ses frères et sœurs ?* Non certainement.

Lequel croire ? nous pensons que M. Napoléon Landais a raison à la p. 452 et tort à la p. 438.

MÊME.

Grammaire, p. 420. — L'auteur blâme Voltaire d'avoir écrit *même* invariable dans ce vers :

Commandons aux cœurs *même*, et forçons les esprits.

Et Racine de l'avoir fait varier dans le vers suivant :

Jusqu'ici la fortune et la victoire *mêmes*.

Dans la première phrase, dit-il, il est adjectif, et dans la seconde adverbe, parce qu'il signifie aussi.

Obs. — Comment l'auteur nous prouverait-il que dans la première phrase Voltaire n'a pu donner à *même* le sens de aussi, comme dans ces phrases analogues de M. Napoléon Landais :

Toutes nos conversations *même* sont autant de déclamations différentes. (*Gramm.*, p. 198.)

Les uns comptent six pronoms, d'autres n'en veulent que cinq, quelques-uns *même* les réduisent à quatre. (*Idem*, p. 295.)

Comment prouverait-il aussi que Racine n'a pu

donner à ces mots *la fortune et la victoire mêmes* le sens de ceux-ci : la fortune et la victoire elles-*mêmes*, comme dans cette phrase de S. Jean Chrysostôme : « Aujourd'hui on n'adore plus les idoles d'or et d'argent, mais l'or et l'argent *mêmes* sont adorés ? »

A la page 312, l'auteur cite le même vers et justifie Racine d'avoir écrit mêmes, *parce que*, dit-il, *du temps de Racine l'usage permettait encore d'écrire cet adverbe même ou mêmes.*

Grammaire, p. 311. — Quand *même* est adjectif, il précède le substantif qu'il accompagne.

Obs. — Et cependant dans le vers de Voltaire qu'on vient de lire, *même*, que l'auteur veut être un adjectif, est après le substantif.

Et, quelques lignes plus bas que cette remarque, l'auteur cite ces phrases :

Ce sont les grâces *mêmes*; ce sont les leçons *mêmes* de la vertu.

Et dans ces phrases il regarde *même* comme adjectif.

ADJECTIFS NUMÉRAUX.

Grammaire, p. 477. — Il n'est point exact de dire *François deux*. Beaucoup de personnes font cette faute.

Obs. — Ne serait-ce point M. Landais qui au contraire ferait une faute en blâmant l'usage commun de dire Henri deux, Charles deux, Philippe deux, François deux, comme on dit Henri trois, Charles trois?

QUELQUE.

Grammaire, p. 313. — Quelque.... que a deux significations différentes; joint à un substantif, il signifie *quel que soit le.... qui*, et dans ce cas il prend le genre et le nombre du substantif, parce qu'il n'est réellement qu'adjectif: *Quelque rang que vous ayez; quelques richesses que vous possédiez, vous ne devez pas vous enorgueillir.*

OBS. — *Quelque.... que, joint à un substantif, signifie quel que soit le.... qui.* Sans rien dire sur la clarté de cette explication, nous ferons remarquer qu'il fallait *que* et non pas *qui*.

Dans ce cas il prend le genre et le nombre. S'il prend le genre, il fallait écrire: *quelles que richesses que vous ayez.*

Parce qu'il n'est réellement qu'adjectif. Pourquoi nous dire qu'il n'est que cela? *Quelque* perd-il de sa dignité en devenant adjectif?

TOUT.

Grammaire, p. 312. — *Tout* signifiant chaque ne veut pas l'article avant le nom qu'il accompagne, et est toujours au singulier: *Tout* bien est désirable; *tout* homme est sujet à la mort.

OBS. — Si *tout* signifiant chaque ne veut pas l'article et ne se met pas au pluriel, pourquoi M. Landais, dans son dictionnaire, cite-t-il au nombre des exemples où *tout* signifie *chaque* cette expression *tous les jours*? Et comment notre sentencieux grammairien nous prouvera-t-il que ces manières de parler, il vient à *tous moments*, il y en a de *tous genres*, etc., sont incorrectes.

CHAPITRE VI.

ADJECTIF QUALIFICATIF.

ADJECTIF SE RAPPORTANT A DEUX SUBSTANTIFS.

Grammaire, p. 450.— Si les substantifs sont en régime, l'adjectif ne s'accorde qu'avec le dernier : Il avait la bouche et les yeux *ouverts*, ou il avait les yeux et la bouche *ouverte*. Ainsi Bossuet s'est très-bien exprimé quand il a dit : « Le bon goût des Egyptiens leur fit aimer dès lors la solidité et la régularité toute *nue*. » Fléchier a dû également dire : « N'attendez pas que j'expose à vos yeux les tristes images de la religion et de la patrie *éplorée*. »

Obs. — Il ne serait pas difficile de démontrer l'absurdité d'une pareille règle, mais pour réfuter M. Landais, nous n'avons besoin que de M. Landais lui-même. Voici d'abord deux phrases de notre grammairien :

Nous venons de répondre à une objection ; mais il s'en présente une autre d'un intérêt et d'une importance *graves*. (*Gramm.*, p. 51.)

Tout cela est d'un naturel, d'une vérité *admirables*. (*Comment. et Etudes*, p. 14.)

Dans ces phrases, les substantifs sont-ils en sujet ou en régime ?

A la page 414 de sa grammaire, l'auteur fait une longue discussion pour combattre le sentiment de Restaut, qui prétend qu'il faut écrire : Il avait les pieds et la tête *nue* ; il avait les yeux et la bouche *ouverte*.

« Dans cette construction, dit-il, il n'y a ni un accord grammatical, puisque le correspondant de deux substantifs d'un genre différent est au singulier et au féminin, ni un accord sylleptique, parce qu'il y a pluralité d'objets, etc., etc. Ainsi la construction de Restaut est vicieuse sous quelque point de vue qu'on l'envisage. Pour être correct, il faut nécessairement écrire :

« Il avait les pieds et la tête *nus*.
» Il avait les yeux et la bouche *ouverts*. »

Et mieux :

« Il avait la tête et les pieds *nus*.
» Il avait la bouche et les yeux *ouverts*. »

Et à l'appui de son raisonnement, qui nous paraît sans réplique, M. Landais cite cette phrase de Voltaire :

« Des cervelles étaient répandues sur la terre à côté de bras et de jambes *coupés*. »

Tout cela est vrai ; mais alors que devient la règle de la page 450 ?

Ainsi se trouve encore réfutée par M. Landais une autre règle que M. Landais nous donne à la page 450 :

La même règle, dit-il, s'observe avec le pronom relatif placé après deux substantifs de choses. C'est pourquoi Fénélon a dit : « Il y a dans la véritable vertu une candeur et une ingénuité *à laquelle* on ne se méprend pas, pourvu qu'on y soit attentif. »

Quant à la phrase de Fénélon, il a mis le pronom au singulier, parce qu'il exprimait la même idée par les deux mots *candeur* et *ingénuité*. Seulement nous croyons qu'il ne devait pas employer la conjonction *et*.

PLACE DES ADJECTIFS.

Grammaire, p 284 — On met avant les substantifs

communs les adjectifs pronominaux et numéraux, ainsi que les quinze nominaux suivants : *Beau, bon,* BRAVE, *cher, chétif, grand, gros, jeune,* MAUVAIS, MÉCHANT, *meilleur, moindre,* PETIT, *vieux* et *vrai.*

Et un peu plus bas :

Les quinze adjectifs nominaux dont nous venons de parler perdent leur place quand ils sont joints par une conjonction à un autre adjectif, qui doit être mis après le substantif, comme : *C'est une femme grande et bien faite.*

OBS. — A la page suivante, M. Landais nous donne une liste indiquant le sens de différentes phrases d'après la place des adjectifs, et au nombre de ces phrases nous lisons celles-ci :

L'*air grand* est une physionomie noble ; de grands airs indiquent les manières d'un grand seigneur. — L'*air mauvais* et un extérieur redoutable ; le mauvais air est un extérieur ignoble ; — méchant homme a rapport aux actions, *homme méchant* a rapport aux pensées et aux discours. — Une méchante épigramme est une épigramme sans sel ; une *épigramme méchante* est une épigramme qui offre un trait malin. — Un petit homme est un homme d'une petite stature ; un *homme petit* est un homme méprisable.

Pour que ces adjectifs se placent après le substantif il n'est donc pas nécessaire qu'ils soient joints par une conjonction à un autre adjectif.

Grammaire, p. 457. — Les adjectifs qui peuvent s'employer seuls comme noms de personne se placent *après* le substantif, tels que l'aveugle, le boiteux, le bossu, le riche, etc. ; ainsi n'imitez pas l'auteur qui a dit : « Sénèque était le plus riche homme de l'empire. »

OBS. — On ne pourrait donc pas dire : Son *aveugle* témérité, c'est le plus *riche* propriétaire de la ville ?

DU SUPERLATIF.

Grammaire, p. 295. — Le superlatif est toujours suivi de la préposition *de*.

Obs. — En voici la preuve : C'est *le plus habile* homme que je connaisse. — Voilà *mon plus beau* cheval. — De tous les grammairiens, c'est *le plus inexact*.

DU PLURIEL DES ADJECTIFS *virginal*, *zodiacal*.

Grammaire, p. 294. — Ces adjectifs, selon la plupart des lexicographes, ne s'employant qu'avec des mots féminins, ne peuvent pas avoir de masculin au pluriel.... Mais ne dit-on pas un teint, un air virginal, et alors des teints, des airs *virginals*? — Bien certainement nous n'avons entendu dire ni vu nulle part virginaux, admettons donc *virginals*.

Obs. — Il nous semble que pour que la conclusion de M. Landais fût bien déduite, il faudrait qu'il eût entendu dire ou vu quelque part *virginals*.

Deux lignes plus bas, de ce que l'Académie dit organe *vocal* au singulier, l'auteur conclut que rien n'empêche qu'on ne dise des organes *vocaux* au pluriel. Voilà donc deux conclusions opposées tirées des mêmes prémisses.

DE L'ADJECTIF *impatient*.

Grammaire, p. 460. — L'auteur approuve la critique du P. Bouhours blâmant cette expression de Balzac : *Impatient du joug et de la contrainte*. « Bouhours, dit-il, homme de goût, censura cette expression, et prouva qu'elle était mauvaise, parce que l'adjectif impatient ne peut être restreint que par un verbe. On doit dire : Impatient de commander, et non pas du commandement. On trouve bien des fautes de ce genre dans nos auteurs *anciens et modernes.* »

Obs. — Nous croyons que M. Landais tombe ici dans une méprise. *Impatient* a deux significations : il veut dire *qui ne peut supporter*, et c'est dans ce sens que Balzac, malgré la critique du P. Bouhours, a pu dire *impatient du joug*, etc. *Impatient*, signifie aussi *qui attend avec impatience*, et c'est dans ce sens seulement que l'on ne peut lui donner pour régime un substantif, et qu'il faut dire : *Il est impatient de commander, et non pas du commandement.*

CHAPITRE VII.

PARTICIPE PRÉSENT ET ADJECTIF VERBAL.

DIFFÉRENCE ENTRE CES DEUX MOTS.

Grammaire, p. 362. — Le participe a toujours un régime exprimé ou sous-entendu, et l'adjectif verbal n'a jamais de régime.

Obs. — Dans ces vers de Boileau :

L'autre esquive le coup, et l'assiette *volant*
S'en va frapper le mur, et revient en *roulant*.

Quels sont les régimes de *volant* et de *roulant* ?
Au contraire dans cette phrase de Buffon :

« Des arbres sans écorce et sans cime, *tombants* de vétusté; d'autres, en plus grand nombre, *gisants* au pied des premiers, etc. »

Les adjectifs *tombants* et *gisants* n'ont-ils point de régime?

L'auteur ajoute plus bas (p. 363) :

Le participe présent ne peut jamais se rencontrer seul dans une phrase; il doit y être suivi de quelques mots exprimés ou sous-entendus qui en dépendent, au lieu que l'adjectif verbal s'y présente essentiellement seul.

Nous avons déjà cité deux vers de Boileau qui démentent la première partie de cette assertion; quant à la seconde, M. Landais se charge de la démentir lui-même, car il convient, quelques lignes plus bas, qu'on dit fort bien :

Des femmes *jouissantes* de leurs droits, des maisons *appartenantes* à un tel.... Des villageois *dépendants* d'une seigneurie.

DU GÉRONDIF ET DU PARTICIPE PRÉSENT.

Grammaire, p. 363. — Les gérondifs doivent, comme les participes, se rapporter au sujet de la phrase principale.

Obs. — Voici des phrases de M. Landais où le gérondif ne se rapporte pas au sujet de la phrase :

Du présent de l'indicatif se forme la seconde personne de l'impératif, en *ôtant* seulement le pronom *je* (*Gramm.*, p. 343, où ce tour se trouve répété quatre fois de suite.)

Si notre langue doit assez à celle des Latins pour qu'*en les comparant* ensemble celle-ci doive quelquefois servir à l'intelligence de celle-là, elles diffèrent trop d'un autre côté. (*Id.*, p. 217.)

Il y a donc deux sortes de propositions incidentes, *en*

les *considérant* relativement à leur influence sur la proposition principale; savoir : la proposition explicative et la proposition déterminative. (*Comment.*, p. XXVI.)

Le cœur de Virginie déborde *en pensant* à sa mère. (*Id.*, p. 151.)

Le poids le plus lourd de vices s'allégit *en pensant* que les mêmes défauts qui possèdent notre frère sont aussi en nous, et nous possèdent de la même manière. (*Id.*, p. 235 et 236.)

CHAPITRE VIII.

PRONOMS.

PRONOM EN RAPPORT AVEC UN SUBSTANTIF INDÉTERMINÉ.

Grammaire, p. 301. — Qui relatif doit toujours se rapporter à un substantif pris dans un sens défini; ainsi l'on ne peut pas dire : L'homme est animal raisonnable qui, etc.; il m'a reçu avec politesse qui, etc.

OBS. — Nous ne savons pourquoi M. Landais restreint cette règle au pronom *relatif*; le principe est général et s'étend à tous les pronoms. Voici une phrase de M. Landais qui contredit la règle de M. Landais :

Page 452 de sa grammaire, après avoir cité une phrase incorrecte, l'auteur ajoute :

Il y a donc là *redondance, qui* sera clairement démontrée vicieuse.

PRONOMS RÉPÉTÉS AVEC DES RAPPORTS DIFFÉRENTS.

Grammaire, p. 417. — Il ne faut jamais répéter *on* avec deux rapports différents.

Et à l'appui de cette règle, l'auteur blâme, avec Girault Duvivier, la phrase suivante :

« On croit n'être pas trompé, et *l'on* nous trompe à tout moment. »

Obs. — Ce principe s'applique à tous les pronoms, et les phrases suivantes de M. Landais ne sont pas moins vicieuses que celle qu'il cite :

Dans la classe des adjectifs verbaux, *ceux-là* seuls s'appliquent heureusement aux personnes, *qui* viennent des verbes, *qui* peuvent avoir ces personnes pour régime direct. (*Gramm.*, p. 459.)

Le sens moral est celui *qui* a pour objet quelque vérité *qui* intéresse les mœurs ou la conduite. (*Comm.*, p. XVIII.)

Les élèves *qui* étudient avec ardeur font des progrès dans la grammaire, *qui* est une science très-utile. (Phrase citée comme exemple, *Comment.*, p. XXVIII.)

PRONOM *ce* SUIVI DU VERBE *être*.

Grammaire, p. 424. — *Ce* veut le verbe *être* qui le suit au nombre du substantif qui est énoncé après. — Si *être* est suivi de plusieurs substantifs singuliers, il reste au singulier.

Obs. — Ces deux assertions sont inexactes. D'abord, il n'est pas vrai qu'après le pronom *ce* le verbe *être* se mette toujours au nombre du substantif qui suit, comme le prouve ce vers de Delille :

C'est des difficultés que naissent les miracles.

Et cette phrase de Bernardin de Saint-Pierre :

« *C'est* des *contraires* que résulte l'harmonie du monde. »

Ici l'on ne peut employer le pluriel parce que les substantifs pluriels ne figurent pas dans ces phrases comme attributs, mais comme compléments indirects.

En second lieu, le verbe *être* précédé de *ce* ne reste pas toujours au singulier lorsqu'il est suivi de plusieurs substantifs singuliers ; pour le prouver, nous pourrions citer plus de vingt phrases de M. Landais ; en voici seulement quelques-unes ;

Grammaire, p. 12.—En nommant les cinq sens, M. Landais dit : « Ce *sont* : la vue, l'ouïe, l'odorat, le goût et le tact. »

Grammaire, p. 319.—Nous comptons quatre modes personnels : ce *sont* l'indicatif, le conditionnel, l'impératif et le subjonctif.

Grammaire, p. 343. — Parmi les temps simples, il y en a cinq qu'on nomme primitifs : ce *sont* le présent et le prétérit de l'indicatif, et le présent, le participe présent et le participe passé de l'indicatif.

Grammaire, p. 370. — Il y a des adverbes qui deviennent en certaines occasions de vrais substantifs, susceptibles d'articles et de nombres ; ce *sont* : devant, derrière, dessus, dessous, dedans, dehors.

On trouve des phrases analogues à la p. 371, à la p. 372, etc., et à la p. XII des *Commentaires et Etudes*, etc., etc.

PRONOM DÉMONSTRATIF SUIVI D'UN ADJECTIF.

Grammaire, p. 306. — *Celui* ne peut être modifié ni par un adjectif ni par un participe.

Et l'auteur blâme ces deux manières de parler : *ceux plus considérables, celle écrite par M. de Buffon.*

Obs. — A la fin du chapitre de la ponctuation, p. 596, nous lisons :

Voyez pour ce qui semblerait avoir été omis ici, les signes orthographiques, qu'il ne faut pas confondre avec *ceux dits* de ponctuation.

Grammaire, p. 19. — Dans l'impression, on se sert d'une multitude de caractères différents, et particulièrement de *ceux dits* romains, et de *ceux dits* italiques.

Commentaires et Etudes, p. XXVII. — A propos de cette phrase :

La gloire qui vient de la vertu a un éclat immortel.

L'auteur nous fait remarquer que *le mot gloire, par l'addition de ces mots qui vient de la vertu est restreint à n'exprimer qu'une sorte de gloire,* celle, exclusive *à tout autre, qui vient de la vertu.*

Comment. et Et., p. 116. — Les jours de grâce pour notre maison il aurait fallu les occuper à vaquer aux représentations de l'opéra; aux représentations de débuts, à *celles dites* à bénéfice.

Dans ces quatre phrases, *ceux, celle* et *celles* ne sont-ils pas modifiés par un adjectif?

PRONOMS RELATIFS.

Grammaire, p. 296. — Quelques grammairiens mettent *le, la, les, en* et *y* dans la classe des pronoms relatifs; c'est une erreur.

Obs. — Cette observation et les développements

qui l'appuient n'empêchent pas l'auteur de nous dire (p. 363) :

On ne doit mettre le pronom *relatif en* ni avant un participe présent ni avant un gérondif.

N'est-ce point une *erreur* aussi de classer *même* parmi les pronoms *relatifs*, comme l'a fait M. Landais dans son dictionnaire ?

Grammaire, p. 301. — La langue française exige tant de clarté que, pour faire disparaître tout ce qu'il peut y avoir de louche et *même* d'obscur dans les phrases, il est quelquefois nécessaire de placer les pronoms *ceux*, *celles*, avant l'antécédent de *qui*. Cette précaution est indispensable dans l'exemple suivant : *Il récompensa ceux de ses serviteurs qui ne l'avaient point abandonné dans sa fuite.* Le pronom *ceux* écarte toute obscurité ; au lieu qu'il y en aurait si l'on disait : *Il récompensa ses serviteurs qui*, etc. Il ne serait pas aisé de savoir si l'on *veut* parler de tous les serviteurs ou seulement d'une partie.

Obs. — Nous ne pouvons voir dans cette seconde phrase l'équivoque qu'y aperçoit M. Landais. Qu'on lise cette phrase dans un récit historique : *Il récompensa ses serviteurs qui l'avaient accompagné dans sa fuite*, quel lecteur n'entendra pas qu'on veut parler de tous les serviteurs ?

QUE RELATIF.

Grammaire, p. 302. — Au nombre des phrases que cite l'auteur pour prouver qu'*il y a quelquefois des constructions où le que relatif paraît le terme d'un rapport ou régime indirect*, nous lisons celle-ci :

J'ai reçu votre lettre avec toute la satisfaction *que* l'on doit recevoir cet honneur, *dans laquelle*, dit-il, QUE paraît être pour avec laquelle.

D'autres diraient qu'il n'y signifie rien, ou plutôt qu'il y forme un tour barbare et grotesque.

DE QUI, DONT.

Grammaire, p. 303. — En parlant des personnes *de qui* vaut mieux que *dont* lorsque le mot sujet de la phrase incidente est un *substantif* ; mais *dont* vaut mieux que *de qui* si la phrase incidente a un *pronom* pour sujet : L'homme *dont* vous parlez.

Obs. — Nous ne pouvons voir encore ici qu'une de ces observations insignifiantes dont il est au moins inutile de charger des préceptes de grammaire. Qui pourra comprendre comment il vaut mieux dire : L'homme *dont* vous parlez, tandis qu'il serait préférable de dire : L'homme *de qui* monsieur parle, par la raison singulière que dans le premier cas le sujet du verbe est un pronom, et dans le second un substantif ?

LEUR APRÈS CHACUN.

Grammaire, p. 421. — M. Landais fait une discussion de plusieurs colonnes sur le mot *chacun* et nous dit :

Concluons de ce que nous venons de dire que *leur, leurs*, et tout autre adjectif possessif ayant rapport à l'une des trois personnes plurielles, ainsi que les pronoms pluriels, ne peuvent jamais exister après le distributif *chacun*, parce que celui-ci, divisant le substantif qui le précède par unités, ne permet pas que le substantif qui suit soit construit avec un mot qui lui imprime un rapport d'appartenance à une pluralité qui, dans l'hypothèse, n'existe plus, puisqu'elle a été divisée par unités.

Obs. — Quoique nous soyons forcé d'avouer que nous n'avons pas compris la longue période de M. Landais, nous y avons bien vu cependant qu'il blâme l'emploi de *leur* après *chacun* dans tous les cas, ce qui suffit pour que nous lui opposions ses propres phrases :

Commentaires et Etudes, p. 28. — Plus à plaindre que les autres qui ont passé le seuil *chacun* à *leur* tour, il faut qu'il reste là, lui, sur le seuil.

Id., p. 238. — Vous êtes seul pour votre amour; ils sont eux un nombre incommensurable qui vous doivent *chacun* tout *leur* amour.

PRONOM *on*.

Grammaire, p. 306. — Les grammairiens ne s'accordent pas sur la nature de ce mot. Les uns veulent qu'il soit toujours masculin et singulier, et que par conséquent tout ce qui s'y rapporte soit de ce genre et de ce nombre. Ce sentiment est le plus conforme aux vrais principes de la langue, et est appliqué sur des raisonnements auxquels il est difficile de répondre. Les autres pensent que ce pronom peut être suivi d'un féminin et d'un pluriel. Ils ont pour eux l'Académie.

Et ici se trouve le passage avec ces phrases :

On n'est pas toujours jeune et *jolie*; on n'est pas des *esclaves* pour essuyer de si mauvais traitements.

Après quoi l'auteur ajoute :

Mais si ce passage prouve que cet emploi est reçu, il ne prouve nullement qu'il porte sur aucune raison solide. On y voit un abus consacré par l'usage, et rien de plus. En effet son origine annonce le masculin, auquel l'assujétit encore sa signification vague et indéterminée ; car rien d'indéterminé n'a ni ne peut avoir de genre.

Obs. — Après une discussion si fortement motivée, qui s'attendrait à lire, p. 417, la règle suivante :

On et *quiconque* veulent *ordinairement* leurs correspondants au masculin ; mais si l'on parle expressément de femmes le féminin est *de rigueur*. Dites :

On doit toujours être *soumise* à son mari ;
Quand on est *belle*, on ne l'ignore pas ;

Quiconque de vous, Mesdames, sera assez *imprudente* pour, etc.

Comment une locution combattue par des raisonnements solides, et *qui n'est qu'un abus*, peut-elle être de rigueur ?

M. Landais nous fait observer, à propos de ce pronom, qu'on le remplace quelquefois par *l'on* pour la douceur de la prononciation ; et en cela nous sommes de son avis ; mais alors il ne devait pas nous dire, p. xviii de ses *Commentaires*, à propos d'une phrase citée comme exemple :

On ne désigne pas la personne de *qui on* dit qu'elle a beaucoup d'ambition.

Il fallait *de qui l'on dit*, pour éviter l'hyatus, que M. Landais condamne avec tant de force, comme nous le verrons ailleurs.

Par une négligence tout opposée, M. Landais, comme nous l'avons fait remarquer ailleurs, dit à la page 185 de sa grammaire :

L'on met même un second trait, etc.

PRONOM *autrui*.

Grammaire, p. 308. — Les grammairiens proposent une difficulté sur ce pronom ; il s'agit de savoir si l'on peut toujours faire rapporter à *autrui* les pronoms ou adjectifs possessifs *son, sa, ses, leur, leurs*.

PREMIÈRE RÈGLE. — On doit faire rapporter à *autrui* les possessifs *son, sa, ses, leur, leurs*, quand les substantifs auxquels ces mots sont joints sont précédés d'une préposition.

Vous pouvez épouser les intérêts d'autrui, sans être le panégyriste de toutes *leurs* actions.

DEUXIÈME RÈGLE. — On doit se servir du relatif *en* et

de l'article, au lieu des possessifs *son, sa, ses, leur, leurs,* quand les substantifs auxquels ces mots seraient joints sont sans préposition.

Prenez les intérêts d'autrui, mais gardez-vous bien d'en épouser les querelles. *Leurs* querelles seraient une faute.

Obs. — Voilà la règle de la p. 308; voyons maintenant celle de la p. 452; le lecteur jugera si ces deux règles sont faciles à concilier :

C'est pécher contre la langue que de faire rapporter l'adjectif possessif *son* au substantif indéterminé *autrui;* il ne faut pas dire avec un grammairien estimable : En épousant les intérêts d'autrui, nous ne devons pas épouser *ses* passions. On ne peut pas dire non plus : Nous reprenons souvent les défauts d'autrui, sans faire attention à *leurs* bonnes qualités. Le mot *autrui* présentant quelque chose de vague et d'indéterminé, on ne doit pas y faire rapporter les adjectifs possessifs *son, leur* (qui signifient de lui ou d'elle, d'eux ou d'elles).

L'auteur ajoute que c'est le mot *autre* qu'il faut employer à la place.

Ainsi d'un côté *on doit* faire rapporter à *autrui* les adjectifs possessifs *son, sa, ses, leur, leurs,* quand les substantifs sont précédés d'une préposition, et de l'autre *on ne doit pas* faire rapporter à *autrui* les adjectifs possessifs *son, leur,* même quand il y a préposition, car l'exemple en contient une.

PRONOM *en* À LA PLACE DE *son, sa, ses.*

Grammaire, p. 452. — L'adjectif possessif *son* ne peut se rapporter à un substantif énonçant un objet inanimé que lorsqu'ils sont tous deux placés dans la même proposition.... On ne dira pas : Cet ouvrage est mal écrit; j'ignore quel est *son* auteur. Il faut dire.... : J'ignore quel *en* est l'auteur. On ne dira pas : Paris est une ville agréable, *ses* monuments sont magnifiques Il faut dire.... : Les monuments *en* sont magnifiques.

Obs. — Et M. Landais pouvait-il dire, p. 125 de ses *Commentaires* :

> A l'égard des romans, je crois que M. votre mari vous rend service en vous interdisant *leur* lecture souvent insipide et toujours inutile, et surtout dangereuse.

Ne devait-il pas dire pour observer sa règle : En vous *en* interdisant la lecture ?

Et à la p. 58 de sa grammaire, dans une phrase que nous avons déjà citée, on lit :

> Si mil se prononce mie, c'est parce que ce mot a servi sans doute à former celui de millet, qui est *son* diminutif.

Ou la règle de la page 452 ne vaut rien, ou M. Landais devait dire ici : *qui en est le diminutif*.

Ajoutons même que cette règle se trouve tellement énoncée que l'observation en devient quelquefois impossible : comme dans la phrase suivante de M. Landais :

> Quelque agréable que me paraisse cette province, je ne puis cependant m'accoutumer à *ses* usages. (*Gram.*, p. 455.)

Le substantif *province* et l'adjectif *ses* ne sont pas ici tous les deux dans la même proposition. M. Landais aurait donc dû, pour être conséquent avec sa règle, se servir du pronom *en*. Mais, malgré toute son habileté grammaticale, nous doutons qu'il puisse parvenir à l'y faire entrer.

CHAPITRE IX.

VERBES.

AUXILIAIRES.

Grammaire, p. 488 et suivantes. — Comme nous en avons déjà averti, *nous dit M. Landais*, on est souvent embarrassé avec les verbes qui doivent se construire tantôt avec *avoir* et tantôt avec *être*, selon qu'ils expriment certaines nuances d'idées.

Voyons comment M. Landais va nous tirer de cet embarras dont il nous a déjà avertis. Il nous cite d'abord Lévizac qui nous donne une règle en tableau pour aider à surmonter les difficultés qui se rencontrent ici, nous avertissant que *si elle n'est pas toujours vraie dans sa généralité, on ne peut pas disconvenir qu'elle ne soit applicable à bien des cas.* Vient à son tour Boinvilliers *qui*, dit M. Landais, *est entré dans les plus grands détails sur les embarras que suscite aux grammairiens même les plus exercés l'emploi de ces deux auxiliaires*, détails dont M. Landais ne croit pas *avoir le droit* de priver ses lecteurs.

Mais si, tout en faisant ses citations, il arrivait quelquefois à M. Landais de se contredire, mettrait-il par là ses lecteurs à même de sortir de cet embarras dont il les menace? Voyons si ce cas n'a pas eu lieu :

Première contradiction.

P. 489. — Il faut dire : Cette femme *est* accouchée heureusement, parce que ce verbe n'exprime qu'un état, celui

3

d'une femme qui est accouchée, et qu'il est sans régime.

P. 490. — On dira : Cette femme *a* accouché très-heureusement, parce que c'est l'action d'accoucher que je considère, et non l'état du sujet.

Deuxième contradiction.

P. 489. — Il faut dire : Ces braves gens *ont péri* malheureusement, parce que le verbe périr se construit mieux avec *avoir* lorsqu'il est pris dans un sens général et indéterminé ;
Et
Ces braves gens *sont péris* dans leur traversée en Amérique, parce que le verbe périr se construit mieux avec le verbe *être* quand il est accompagné de circonstances particulières.

P. 493. — Le verbe périr se conjugue avec *avoir* quand on veut désigner l'époque ou la circonstance dans laquelle l'anéantissement a eu lieu. Exemples :
Le reste *a péri* au milieu de nous de faim et de misère, etc.
Ces malheureux *ont* tous *péri* dans le combat, etc.
Il ne faut donc pas dire avec Fénélon : « Ne cherchez plus votre père qui doit *être* péri dans les flots au promontoire de Cépharée. »
Périr se conjugue avec *être* quand on ne désigne ni l'époque ni la circonstance dans laquelle l'anéantissement a eu lieu. Exemple : Cette tendre mère était partie pour rejoindre ses enfants, mais elle *est* périe.

Troisième contradiction.

P. 489. — Dites : Il *a* cessé son travail, parce que cessé a un régime ;
Et
L'orage *a* cessé ou *est* cessé, parce que cesser sans régime prend l'un ou l'autre de ces auxiliaires.

P. 490. — Cesser prend *avoir* quand on le considère comme exprimant une action. Exemple :
Il *a* cessé sa besogne. — La fièvre *a* cessé aujourd'hui.

Ce verbe se conjugue avec *être* quand il est considéré comme exprimant un état. Exemples :
Les travaux *sont* cessés. — L'orage *est* enfin cessé.

Quatrième contradiction.

P. 489. — Dites : Il *a* demeuré à Rome, si l'on veut exprimer que l'on a passé quelque temps à Rome, mais qu'on n'y est plus.

Et : Il *est* demeuré à Rome, si l'on veut exprimer qu'on a fait un voyage à Rome, et qu'on y est encore. On dirait mieux dans ce cas : Il demeure.

P. 491. — Demeurer se conjugue avec *être* lorsqu'il signifie demeurer dans un état de permanence.

Obs. — Il nous semble voir une grande différence entre ces deux phrases : *Il demeure à Rome*, et *il est demeuré à Rome*. La première désigne un séjour habituel, la seconde un séjour prolongé, mais qui ne doit pas durer.

Que M. Landais ne nous dise pas qu'ici il ne fait que citer. En citant les règles de Levizac et de Boinvilliers sans les accompagner de ses *Commentaires*, en nous les donnant comme des moyens de *sortir de l'embarras* où met l'emploi de l'auxiliaire, M. Landais s'est approprié ces règles, et si, au lieu d'éclaircir les difficultés, elles en deviennent pour les lecteurs une nouvelle source, c'est à lui seul qu'ils doivent s'en prendre.

AUXILIAIRE DU VERBE *tomber*.

Grammaire, p. 489. — Quelques personnes emploient souvent le verbe tomber avec l'auxiliaire *avoir* ; c'est une faute grossière.

Obs. — Nous trouvons l'épithète un peu forte contre une manière de parler appuyée de l'exemple de plusieurs bons auteurs, et de l'autorité de judicieux grammairiens, en particulier de celle de M. Boniface et de Laveaux, et même de l'Académie :

Florian dit :

« Déjà dans les forêts voisines les pins, les aunes touffus, l'antique érable, le chêne superbe, *ont* tombé de toutes parts sous le fer des Castillans. »

Massillon :

« Suivez l'histoire de chaque peuple et de chaque pays : elles *ont* duré un certain nombre d'années, et *tombé* ensuite avec la puissance de leurs sectateurs. »

Fontenelle, en parlant des oracles :

« A la fin ils *eussent* entièrement tombé. »

Enfin l'Académie :

« Les poëtes disent que Vulcain *a* tombé du ciel pendant un jour entier. »

AUXILIAIRE DU VERBE *passer*.

Grammaire, p. 493. — *Passer* prend *être* quand l'esprit considère l'action du passage comme étant absolument faite.

Obs. — Quelques lignes plus haut, au nombre des exemples où *passer* prend *avoir*, l'auteur cite cette phrase : *Il a passé en Amérique où il est resté*. L'action du passage n'est-elle pas ici absolument faite ? Il fallait donc *il est* passé.

AUXILIAIRE DE *monter* ET DE *descendre*.

Grammaire, p. 492. — *Monter* et *descendre* se conjuguent avec *être* lorsqu'ils ont un complément indirect.

Obs. — Le verbe *monter* n'a-t-il point de complément indirect dans ces phrases :

« La rivière *a* monté cette année à une telle hauteur. »
— « La chaleur lui *a* monté au visage. »

Et pourtant M. Landais n'en révoquera pas en doute la correction, puisqu'elles sont de son dictionnaire.

Il nous semble que ces deux verbes suivent la règle générale, et qu'on doit dire : Il *a* monté dans sa chambre à cinq heures, et en *a* descendu à huit, parce qu'ici c'est une action qu'on veut exprimer.

« La nuit j'*ai* monté au sommet de la mosquée, » dit Chateaubriand.

« Après que vous *eûtes* descendu dans l'antre de Trophonius, » dit Fontenelle.

EMPLOI DES TEMPS.

IMPARFAIT POUR LE PRÉSENT.

Commentaires, p. 25. — A propos de cette phrase de Chateaubriand :

« La Seine *passait* à l'extrémité de la plaine. »

M. Landais nous dit :

L'auteur aurait pu mettre, sans nuire au style, la Seine *passe*; car elle passe toujours près de Saint-Denis.

Ici, comme dans bien d'autres cas, la critique, assez singulièrement conçue, de M. Landais, retombe sur lui-même.

Grammaire, p. 117. — Si Racine dans *les Plaideurs* a dit : *Tant y a*, c'est une faute faite exprès, parce que ce mot *peignait* bien le caractère du personnage qu'il fait parler.

OBS. — C'était *peint bien* que l'auteur devait dire.

Ce mot peint encore le caractère du personnage. La même faute se reproduit dans les trois phrases qui suivent :

Grammaire, p. 198. — Le plus grand crime de Socrate fut peut-être d'avoir confondu les sophistes, d'avoir appris aux Athéniens, long-temps séduits par des paroles, le digne usage de la raison, l'art de douter et de s'appliquer à connaître ce qu'il *importait* de savoir : le vrai, le beau moral, le juste, l'honnête et l'utile.

Il importe toujours de savoir le vrai, le juste, etc.

Grammaire, p. 367. — Nous avons dit que les prépositions *avaient* toujours un régime exprimé ou sous-entendu ; c'est en quoi elles diffèrent des adverbes.

Les prépositions ont toujours un régime.

Prospectus des Commentaires, p. 1. — Nous nous sommes assurés, après mûr examen, que rien de ce qui a paru jusqu'à ce jour en pareille matière n'*était* d'un intérêt plus relevé, plus plausible, que l'œuvre dont nous annonçons aujourd'hui la publication.

Ce qui a paru existe encore ; M. Landais, pour rendre sa phrase, non plus modeste, mais plus correcte, devait dire n'*est*.

PASSÉ DÉFINI ET PASSÉ INDÉFINI.

Grammaire, p. 317. — Le choix entre ces deux formes des verbes dépend de la portion de durée que l'on prend pour unité de mesure. Cette portion, *quelle qu'elle soit*, est-elle entièrement passée, on emploie le prétérit défini ; ne l'est-elle pas tout à fait, on se sert du passé indéfini. On fait aussi usage du prétérit indéfini lorsqu'on veut exprimer une action ou une situation passée *sans déterminer l'époque précise*.

Obs. — Ne peut-on employer le passé indéfini même en déterminant l'époque précise ? Ne peut-on pas dire : Il *a voyagé* l'année dernière ; il *est arrivé* hier ; il *est parti* jeudi ? Et M. Landais nous condamne-t-il à dire sous peine d'inexactitude : Il *voyagea* l'année dernière ; il *arriva* hier ; il *partit* jeudi ?

2° Si quand une portion de durée, *quelle qu'elle soit*, est entièrement passée, il faut employer le passé défini, on devra dire le soir : Il *déjeûna* chez moi ce matin, et *partit* ensuite pour la campagne.

CONDITIONNEL DU VERBE *savoir*.

Commentaires et Etudes, p. XIII. — La réflexion ne *saurait* avoir lieu si notre mémoire n'était pas formée, si nous ne pouvions maîtriser notre imagination.

OBS. — C'était *pourrait* que l'auteur devait employer ; *saurait* dans cette manière de parler a le sens de *peut*. Ou bien, avec *saurait*, il fallait mettre les deux verbes qui en dépendent au présent ; si notre mémoire n'*est*, etc. ; si nous ne *pouvons*. On remarque à peu près la même faute dans la phrase suivante de la p. 165 du même ouvrage :

Rien ne *saurait* l'ébranler, rien même ne *put* l'émouvoir. (*En parlant de Thomas Morus.*)

Saurait signifiant *peut*, c'était aussi *peut*, et non *put*, qu'il fallait dans le second membre de phrase.

Voici encore une troisième phrase dont l'incorrection a de l'analogie avec celle que nous venons de remarquer :

Comment., p. 85. — Il *serait* inconcevable, il est impossible, à l'entendre, qu'on ne pense pas au mariage.

Si l'on peut dire il *est* impossible qu'on ne pense pas, on doit dire il *serait* inconcevable qu'on ne *pensât* pas ; nous ne croyons donc pas que le même temps puisse être sous la dépendance de ces deux expressions.

Du reste, ce n'est pas la seule phrase où l'auteur

viole la correspondance des temps, il nous dit encore, p. 190 de ses *Commentaires et Etudes :*

Ce n'*est* pas une lecture frivole qu'il a demandé qu'on lui *fasse.*

Le rapport demanderait qu'on lui *fît.*

SUBJONCTIF DU VERBE *vouloir.*

Page 352 de sa grammaire, l'auteur nous dit, avec les autres grammairiens, que le verbe *vouloir* fait VOULIONS à la première personne plurielle du subjonctif présent; et à la p. 184 nous lisons cette phrase :

Ce n'est pas que nous *veuillions* dire que ce soit absolument une faute.

SUBJONCTIF APRÈS *tout.... que.*

Grammaire, p. 313. — Tel que et *tout.... que* régissent l'indicatif, parce que les phrases dans lesquelles ils entrent expriment qu'une chose est et excluent toute idée d'incertitude ou de désir. Il n'est pas inutile d'en prévenir des étrangers qui, ne connaissant point le génie de notre langue, ne voient pas des nuances qui souvent même échappent *à des Français.*

OBS. — M. Landais pouvait ajouter, pour terminer sa phrase, et à des grammairiens, et à de sévères critiques : nous n'en voulons pour preuve que les phrases suivantes de M. Landais :

Grammaire, p. 201. — Tout fondé que nous *paraisse* cet avis sur le bon sens et sur la raison, nous continuons à affirmer que la généralité des Français ne fait pas sentir *l* dans le son mouillé !

Comment., p. XLIII. — Au nombre des exemples d'inversion, nous trouvons cette phrase :

Tout austère que *paraisse* la vertu, elle n'est pas moins attrayante.

Comment., p. 155. — Nous ne nous emporterons point contre votre assertion, toute fausse qu'elle *soit*.

Comment., p. 205. — L'homme, en présence des prétendus dieux de la terre, n'est que bien faible lui-même, tout fort qu'il *soit* de son caractère, tout élevé qu'il *soit* au dessus de la masse du vulgaire par ses prérogatives et par son talent.

Comment., p. 221. — Je viens remplir près de vous la mission sacrée que Dieu a daigné me confier, tout indigne que j'en *sois*.

Par une faute toute contraire, M. Landais, à la page 218 de ses *Commentaires*, emploie le mode de l'indicatif après *quelque.... que*, en disant, à propos du P. Bridaine :

...... Vérités que son ministère l'oblige de proférer, quelque dures qu'elles puissent paraître à quelques-uns, quelqu'invraisemblables qu'elles *paraîtront* aux incrédules.

L'auteur fait une faute en analogie avec celle-ci à la page 20 de sa grammaire, en disant :

Nous ne croyons pas que l'autorité d'un imprimeur-éditeur *suffirait* seule pour introduire de pareilles nouveautés.

C'est *pût suffire* qu'il fallait dire.

M. Landais dit encore, p. 221 de ses *Comment.* :

Ne croyez pas que *c'est* par vanité, par orgueil, que je me suis humilié devant vous.

Un autre eût dit : *Que ce soit*.

INFINITIF.

Commentaires et Etudes, p. 118 et 119. — Je ne me sens

pas le courage de vous féliciter, ma chère cousine, du bonheur dont vous croyez *aller* jouir.

Obs. — Il fallait *dont vous croyez que vous allez jouir*. Ce n'est que comme équivalent d'un futur qu'un infinitif peut se placer après croire, penser, et les verbes analogues ; on peut dire, par exemple, je crois pouvoir m'en passer, c'est-à-dire je crois que je pourrai m'en passer ; mais on ne peut pas dire *je crois aller jouir du bonheur*, pour je crois que je vais jouir du bonheur.

Pourquoi M. Landais, dans ses *Commentaires*, ne nous fait-il pas remarquer cette incorrection que commet Mlle Adèle écrivant à Mlle Victorine ?

Quoi qu'il en soit, voici encore une phrase du commentaire sur cette correspondance où l'infinitif est mal employé :

Comment., p. 66. — Vous végétez dans votre château, Mademoiselle ; c'est que vous n'avez pas voulu vivre du souvenir illustre de vos nobles ancêtres ; il y a cependant assez de gloire dans votre famille pour *se donner* la peine d'y songer quelquefois.

Se donner ne se rapportant à rien, il eût mieux valu dire : *Pour que vous vous donniez*. La faute nous paraît encore plus grave dans la phrase suivante :

Comment., p. 120. — Nous croyions notre tâche accomplie relativement à cette correspondance ; mais, après *avoir donné* communication du manuscrit de notre commentaire à l'honorable famille des deux jeunes personnes, elle a bien voulu remettre en nos mains, avec autorisation de les publier, les nouvelles lettres suivantes.

Ce que M. Landais nous dit du gérondif dans un endroit de sa grammaire, qu'*il doit se rapporter au sujet de la phrase*, doit s'appliquer à l'infinitif, surtout quand il est placé au commencement d'une phrase. On ne doit pas dire à quelqu'un : Après lui *avoir donné* communication de mon manuscrit, il m'a remis de nouvelles lettres, etc. Il faudrait dire, par exemple : Après *avoir reçu* communication de mon manuscrit, il m'a remis.

Même page, M. Landais, qui vient de nous citer deux lettres sans les commenter, nous invite à les prendre alinéa par alinéa, phrase par phrase. *C'est le meilleur*, ajoute-t-il, *le plus excellent moyen de parvenir à s'approprier et le beau style et les heureuses pensées des auteurs que vous étudierez.*

Nous avons suivi le conseil de M. Landais, et nous avons trouvé quelques phrases qui ne nous paraissent pas d'*un beau style*. Nous en ferons donc l'objet de nos critiques grammaticales, d'autant plus que, malgré l'assertion de l'auteur, notre idée est que ces lettres de prétendues demoiselles ne sont autre chose que l'ouvrage de M. Napoléon Landais.

L'auteur commet encore la même incorrection en nous disant, p. 178 de ses *Commentaires*, en parlant de la fille de Thomas Morus :

Elle fut enlevée avec violence, après *l'avoir prise*, saisie et portée à bras-le-corps.

Et à la p. LXXXVII du même ouvrage :

Les demi-repos seront peu marqués, afin de *parvenir* promptement au repos final....

Rien n'était plus facile à éviter que ces incorrections, inexcusables dans un grammairien qui affiche autant de rigidité que M. Landais.

EMPLOI DE L'*y* DANS LES VERBES.

Grammaire, p. 336. — Tous les verbes dont l'infinitif présent est en *yer* conservent l'*y* grec qui se trouve dans l'infinitif toutes les fois qu'on doit entendre le son de deux *i*, je *payais*; et ceci a lieu devant toutes les voyelles sonnantes; mais devant les syllabes muettes, *e*, *es*, *ent*, on ne fait usage que de l'*i* simple. Cette orthographe est aujourd'hui générale, et repose sur la raison. En effet, devant les syllabes muettes on n'entend que le son simple de *i*.

Obs. — Doit-on écrire je *grasseie*, ou je *grasseye*, qu'il *s'asseie*, ou qu'il *s'asseye*; c'est-à-dire est-ce un *i* seul ou deux *i* qu'il faut ici faire entendre? A la conjugaison du verbe asseoir, p. 349, l'auteur écrit au subjonctif, en dépit de sa règle: Que j'*asseye*, que tu *asseyes*, etc. Et qu'on ne dise pas qu'*asseoir* n'a pas l'infinitif en *yer*; puisqu'il a le participe présent en *yant*, l'analogie est la même.

VERBES DÉFECTIFS.

Suivant l'Académie et les autres grammairiens, et, nous pourrions ajouter, d'après l'usage, le verbe *clore* manque du passé défini, et, par conséquent, de l'imparfait du subjonctif: cela n'empêche pas M. Landais de nous donner ces deux temps dans la conjugaison du verbe *clore*, et de dire au passé défini:

Je closis, tu closis, il closit, nous closîmes, vous closîtes, ils closirent.

Et à l'imparfait du subjonctif:

Que je closisse, etc. (*Gramm.*, p. 352.)

Il ajoute même cette note:

L'Académie ne donne pas ce temps; nous ne comprenons pas pourquoi l'on ne dirait pas bien: Je lui *closis* la bouche.

A la page 356, l'auteur donne aussi ces deux temps au verbe *paître*, qui en manque également:

Je *pûs*, tu *pûs*, il *pût*, etc. Que je *pûsse*, que tu *pûsses*, qu'il *pût*, etc.

Mettant une note pour nous avertir qu'il place un accent circonflexe sur cette forme pour qu'on distingue je *pûs* du verbe paître de je *pus* du verbe pouvoir.

A la p. 359, à propos du verbe *éclore*, l'auteur nous dit encore :

Nous ne comprenons pas pourquoi ce verbe *n'aurait pas toutes les formes du verbe clore*.

Ni nous non plus ; car si l'on peut dire : Je lui *closis* la bouche, on pourra, ce nous semble, dire à plus forte raison : Les petits *éclosirent*; quand ces heureuses innovations *éclosirent*-elles ?

D'après tout cela, nous sommes étonné de lire à la conjugaison du verbe *traire*, p. 358, que ce verbe n'a point de passé défini, et à la p. 359 que les verbes *absoudre, frire, luire*, manquent également du passé défini ; et *nous ne comprenons pas* pourquoi M. Landais, qui a bien osé risquer l'heureuse réforme de je *lui closis la bouche*, il *pût* son troupeau, les petits *éclosirent*, recule épouvanté devant ces phrases : Il *trayit* ses chèvres, le tribunal *absolut* l'accusé, nous *frîmes* notre pêche, le soleil *luisit* à leurs yeux.

Mais apparemment que M. Landais, qui nous dit p. 359, après avoir cité le passé défini du verbe *confire*, qu'il ajoute *en toute sûreté de conscience* que je *confisse*, que tu *confisses*, etc., trouvait que sa conscience ne lui permettait pas encore d'aller jusque-là ; espérons qu'à une troisième édition, la conscience de M. Napoléon Landais sera moins timorée.

SUJET DU VERBE.

GRADATION.

Grammaire, p. 495. — L'auteur regarde comme une infraction à la règle de l'accord du verbe avec son sujet ce vers de Racine :

« Que ma foi, mon amour, mon honneur y *consente*. »

Et voudrait le verbe au pluriel. D'autres grammairiens n'y verraient qu'une gradation, qu'on peut imiter même en prose.

SUJETS UNIS PAR *ou*.

Grammaire, p. 311. — La disjonctive *ou* n'offre aucune difficulté, parce que cette conjonction, donnant *nécessairement* l'exclusion à l'un des deux sujets, n'en conserve qu'un ; il faut par conséquent : L'un ou l'autre viendra avec moi.

P. 416. — Lorsque plusieurs substantifs sont liés ensemble par la conjonction *ou*, les correspondants n'obéissent qu'au dernier.

Obs. — Voici maintenant des phrases extraites de la *Grammaire de M. Napoléon Landais* :

P. 303. — *Quoi* a une signification vague ; c'est la raison pour laquelle on doit le préférer, lorsque son antécédent est *ce* ou *rien*, qui n'*ont* pas une signification plus déterminée.

P. 316. — Chaque verbe exprime une action ou un état. Mais cette action ou cette situation *peuvent* avoir eu lieu autrefois, ou avoir lieu au moment que l'on parle, etc.

P. 218. — Dans l'usage ordinaire, dit Beauzée, *genre* ou *classe* sont à peu près synonymes.

P. 324. — Le commandement ou la prière *sont* le point de vue particulier qui constitue l'impératif.

P. 495. — Le *b* ou le *d* se *font* sentir à la fin des mots.

Dans la phrase suivante, l'auteur met l'adjectif au pluriel après deux singuliers unis par *ou*; la difficulté est la même que pour le verbe :

Commentaires, p. 273. — La plupart des rois ne brillent qu'un instant sur la terre, par leur puissance ou par leur grandeur *factices*.

Ces phrases de M. Landais, et bien d'autres que nous pourrions puiser ailleurs, prouvent que la disjonctive *ou* offre plus de difficultés qu'il ne le prétend dans sa règle; et qu'elle ne donne pas si nécessairement qu'il voudrait le faire croire l'exclusion à l'un des deux sujets.

SUJETS SYNONYMES.

P. xx et xxi *des Commentaires*. — Le verbe, mot par excellence, qui signifie à cause de cela même parole, est celui sur lequel *roulent* toute la force et toute l'énergie du tableau, puisque c'est lui seul qui en unit toutes les parties.

OBS. — Les mots *force* et *énergie* n'ont-ils pas une signification trop ressemblante pour qu'on mette le verbe au pluriel? Ne serait-il pas mieux de dire : *Sur lequel* roule *toute la force, toute l'énergie du tableau*.

SUJETS UNIS PAR *et*.

Grammaire, p. 495. — Quelques grammairiens prétendent qu'on peut mettre au singulier un verbe qui se rapporte à deux sujets singuliers, lorsque ces deux sujets ne sont pas unis par une conjonction, et même quand ils le sont. Mais ces autorités ne sauraient prescrire contre la raison.... Ainsi nous ne *balancerons* pas à *condamner* ces phrases de Bossuet : « L'inconstance et l'agitation *est* le propre partage des choses humaines. — Leur impiété, leur avarice et leur brutalité la leur *fit* perdre. »

OBS. — L'équité de M. Landais ne lui permettra

pas non plus sans doute de *balancer* à *se condamner* lui-même dans la phrase qui suit, où la règle se trouve doublement violée :

Tout son costume et toute sa tenue *est sévère et révérencieuse.* (*Comm.*, p. 78 et 79.)

Nous disons doublement, car le verbe et les adjectifs doivent ici être au pluriel.

M. Landais *balancera*-t-il aussi à *condamner* la phrase suivante de sa grammaire, p. 604, où, parlant des critiques d'André Chénier, il dit :

Que le ridicule et le crime en *pèse* sur eux.

COLLECTIF SUJET.

Grammaire, p. 496. — Le verbe qui se rapporte à un collectif partitif se met au pluriel, si ce partitif est suivi de la préposition *de* et d'un pluriel. Ces substantifs partitifs sont *la plupart, une infinité, une foule, un nombre, la plus grande partie, une sorte,* etc.

M. Landais se trompe encore ici : on peut quelquefois employer le singulier après un collectif partitif suivi d'un pluriel ; en voici la preuve :

Grammaire, p. 226. — *Une très-grande partie* des substantifs ne *représente* nullement des choses subsistantes par elles-mêmes.

Commentaires, p. LV. — Lorsqu'un *assemblage* de mots *n'a* d'autre propriété que celle de faire connaître simplement ce que l'on pense, on l'appelle phrase ou période.

Au contraire on peut aussi employer le pluriel après un collectif général, et dire avec notre auteur :

On a fait des observations sans raisonner ; on les a multipliées sans discernement, et on les a rassemblées sans jugement et sans goût. De là *cette foule* d'erreurs *qui se sont introduites* et que le temps a fini par consacrer.

RÉGIMES DES VERBES.

Nous lisons dans le *Dictionnaire de M. Landais*, au mot *commander :*

On dit commander à quelqu'un, mais on ne dit pas commander quelqu'un si ce n'est en termes de guerre.

Et à la page 4 des *Commentaires et Études :*

Virginie ne considère que l'obéissance qu'elle doit, en fille soumise et en toute occasion, à ses parents, qui ont le droit de *la* commander, de disposer d'elle comme de leur bien.

Nous laissons encore à juger aux lecteurs si notre auteur n'a point fait une faute contre les régimes, en disant :

A peine si nous avions la force de nous rendre compte des sensations infinies que nous éprouvions à la vue d'un spectacle si magnifique; bien certainement nous étions incapables d'en *raisonner la cause.* (*Comm.*, p. 278.)

Et, *Commentaires*, p. VII :

Que serait-il donc urgent de faire? s'efforcer de *raisonner les hommes* avec le bon sens naturel.

Raisonner est un verbe neutre. M. Landais lui-même, dans son dictionnaire, ne le regarde comme actif que dans cette manière de parler : « Cet homme *raisonne* bien ce qu'il fait. » Mais *raisonner une cause*, et surtout *raisonner les hommes !*

3*

CHAPITRE X.

ADVERBE.

PLACE DES ADVERBES.

Grammaire, p. 584. — Il faut placer avant le verbe les adverbes : *Comment*, *où*, *pourquoi*, *combien* et *quand*.

OBS. — Si M. Landais veut bien se donner la peine de consulter sa liste des conjonctions dans sa grammaire, p. 375 et 376, il y verra que ces mots *pourquoi* et *quand* ne sont pas des adverbes, mais des conjonctions.

PLACE DES ADVERBES COMPOSÉS.

Grammaire, p. 584. — On doit *toujours* placer après le verbe les adverbes composés ou les locutions adverbiales. On doit dire . C'est *à la mode*. — Il a agi *conséquemment* à ses principes.

OBS. — Que signifient ces exemples ? Qui pourrait être tenté de placer ces mots *à la mode* (supposé qu'ils soient adverbe) avant le verbe être ? et depuis quand *conséquemment* est-il un adverbe composé ?

Qui pourrait blâmer ces phrases : TOUT-A-COUP *se présente un étranger* ; A L'INSTANT *il se jette au milieu des ennemis*, où les adverbes composés sont placés avant le verbe, en dépit de la règle de M. Landais ?

PLACE DES ADVERBES MONOSYLLABIQUES.

Grammaire, p. 584. — Lorsque le verbe est à l'infinitif,

les adverbes monosyllabiques se placent avant ou après cet infinitif. Il est indifférent de dire : bien chanter, chanter bien, mieux parler, parler mieux.

Obs. — N'est-ce pas se moquer de ses lecteurs que de leur donner de pareilles règles ? Est-il aussi indifférent de dire *frapper fort* ou *fort frapper*, *partir tard* ou *tard partir*, *bien mourir* ou *mourir bien* ?

EMPLOI DE *point*.

Grammaire, p. 585. — C'est une élégance de se servir de *point* à la fin des phrases : On s'amusait à ses dépens, il ne s'en apercevait *point*.

Obs. — Que direz-vous de cette élégance que vous conseille M. Landais ; Mesdames qui recommandez à vos filles ou à vos élèves d'éviter l'emploi de *point* à la fin des phrases, à cause du son nasillard qu'il fait entendre ?

ADVERBE PLUS.

Grammaire, p. 372. — *Plus de* n'est point adverbe, puisque *plus* est suivi d'une préposition et d'un régime.

Obs. — L'auteur devait donc nous dire ce qu'il est, et ce que sont *beaucoup*, *peu*, *autant*, *moins*, *assez*, *trop*, *guère*, quand ils sont suivis, comme *plus*, d'une préposition et d'un régime. Jusqu'à ce que M. Landais nous ait dit ce qu'ils sont, nous continuerons à les regarder comme des adverbes de quantité.

SI, AUSSI ; TANT, AUTANT.

Grammaire, p. 372. — *Si* et *aussi* se joignent aux adjectifs et aux participes ; *tant* et *autant* s'emploient avec les substantifs et avec les verbes.

Et parmi les exemples, nous lisons celui-ci :

Elle est *aussi* aimée qu'estimée.

Obs. — Ne peut-on pas dire *autant* aimée qu'estimée ? MM. Noël et Chapsal nous enseignent dans leur grammaire que l'on doit dire : *Autant* estimé que chéri.

DE SUITE POUR TOUT DE SUITE.

A la page 116 de ses *Commentaires*, M. Landais fait dire à Mlle Victorine :

J'ai compris qu'un tel homme pouvait faire mon bonheur ; aussi l'ai-je préféré *de suite* à un gros richard, qui ne m'offrait et ne pouvait m'offrir que ses lourds écus.

Obs. — Si Mlle Victorine avait consulté le dictionnaire de M. Landais, elle aurait vu que *de suite* signifiant *l'un après l'autre, de rang*, ne devait pas être employé ici. C'était *sur-le-champ* qu'elle devait dire.

(Nous ferons observer ici, *par parenthèse* comme dit Mlle Victorine, que M. Landais dans son dictionnaire donne à *tout de suite* la signification de *sans discontinuation*, ce qui paraîtra peu exact sans doute.)

M. Landais, parlant lui-même, dit à la page 268 du même ouvrage :

Ils sont riches, mais ils vont mourir ; et s'ils ne meurent pas *de suite*, leur vie va se traîner dans les maladies, ans les infirmités, plutôt qu'elle ne s'écoulera tranquille et heureuse.

CHAPITRE XI.

CONJONCTION.

CONJONCTIONS CONFONDUES AVEC LES PRÉPOSITIONS.

Grammaire, p. 590. — Du régime des conjonctions. — Il y a deux sortes de conjonctions qui régissent l'infinitif. 1° Celles qui ne sont distinguées des prépositions que parce qu'elles sont suivies d'un verbe. Telles sont : *Après, pour, jusqu'à*, etc. 2° Toutes celles qui sont terminées par *de*. Telles sont : *Faute de, de peur de, de crainte de, au lieu de, loin de*, etc.

Obs. — D'après l'idée que l'on doit se faire de la conjonction, nous aurions cru que les conjonctions n'ont point de régime, et que les mots précités sont tout aussi bien des prépositions devant un infinitif que devant un substantif. Dans ces phrases que cite l'auteur :

Il faut se reposer *après* avoir travaillé ;
Nous ne pouvons trahir la vérité *sans* nous rendre méprisables.

Pourquoi *sans* et *après* seraient-ils des conjonctions, tandis que dans les phrases suivantes, de l'aveu de l'auteur, ils sont prépositions :

Il faut se reposer *après* le travail ;
Il trahirait la vérité *sans* la crainte qu'il a d'être méprisé.

DIFFÉRENCE ENTRE LES CONJONCTIONS ET LES ADVERBES.

Grammaire, p. 374. — Les conjonctions simples diffèrent des adverbes en ce qu'elles n'expriment pas une circonstance du nom ou du verbe ; et elles diffèrent des prépositions en ce qu'elles ont presque toujours *leur dernier mot* (1) suivi de *que* ou de la préposition *de*.

Obs. — Nous ne savons si cette phrase a un sens clair dans l'esprit de l'auteur ; mais nous craignons bien que pour ses lecteurs elle ne soit que du galimathias.

Nous en dirons autant de cette définition que nous lisons à la page 376 :

<small>Par ce que est une préposition suivie de son régime.</small>

CONJONCTION *si*.

Grammaire, p. 376. — L'auteur met *si.... que* au nombre des conjonctions, et cite pour exemple cette phrase :

<small>La langue française est *si* universelle qu'il n'y a pas de pays au monde où une personne qui la parle ne puisse se faire entendre.</small>

Obs. — Un élève en grammaire dirait que *si* signifiant ici tellement est un adverbe, et que le *que* tout seul est une conjonction.

Il en faut dire autant de *tellement.... que* cité un peu plus bas.

Du reste M. Landais s'est encore condamné lui-même à la page 372, en disant :

<small>Les adverbes de comparaison *si*, *aussi*, *tant* et *autant* sont toujours suivis de la conjonction *que*.</small>

CONJONCTION *ni*.

M. Landais fait une faute contre l'emploi de cette conjonction à la page LIX de ses *Commentaires* :

---

(1) Et si elles sont exprimées en un mot.

Rien n'est plus ridicule, ne l'oubliez jamais; *ni* en même temps rien n'est plus froid qu'une sotte affectation et qu'une prétention marquée à l'esprit....

C'est *et* qu'il fallait; on dirait bien: Rien n'est plus ridicule *ni* plus froid ; mais on ne peut pas dire : Rien n'est plus ridicule *ni* rien n'est plus froid, à cause de la répétition du mot négatif *rien*.

CONJONCTION *et*.

Commentaires, p. 106. — Vous me dites qu'on voit tous les jours dans la province les mêmes visages.... A cela je vous répondrai que plus on voit les gens *et* mieux on les connait, *et* mieux on peut les apprécier.

Obs. — Cet emploi de la conjonction *et* avec deux adverbes mis en opposition nous paraît vicieux; nous ne savons quel est à ce sujet le sentiment de M. Landais; il n'a pas abordé cette difficulté dans sa *Grammaire des Grammaires*. La même incorrection se retrouve à la page 189 :

Si vous aimez, vous ne vous lasserez jamais d'aimer; plus vous aimerez, *et* plus vous sentirez le besoin d'aimer, *et* plus votre amour s'agrandira.

Et à la page 174 :

Plus nous pénétrons avant dans cette sublime science des langues, *et* plus nous apercevons de moyens rationnels pour en aplanir les difficultés.

Et à la page 120 de ses *Commentaires* :

Plus on voit les gens, *et* mieux on les connait, *et* mieux on peut les apprécier.

CHAPITRE XII.

PRÉPOSITION.

RÉPÉTITION DES PRÉPOSITIONS.

Grammaire, p. 581. — Les déterminatifs qui n'ont qu'une syllabe doivent être répétés devant chaque complément.

Ici la règle est énoncée sans restriction.
Un peu plus bas, l'auteur nous dit que :

Les déterminatifs, soit monosyllabes, soit polysyllabes, doivent être répétés devant les mots qui présentent des significations tout-à-fait différentes.... mais qu'on peut se dispenser de les répéter quand ils sont devant des substantifs qui signifient à peu près la même chose.... Qu'on se dispense encore de les répéter quand il y a une longue énumération à faire.

Et ici l'auteur approuve ces vers, qui nous paraissent très-vicieux, surtout sous le rapport de la correction grammaticale :

Toujours logé dans de très-beaux châteaux
De princes, ducs, comtes et cardinaux,
Il voit partout de grands prédicateurs,
Riches prélats, casuistes, docteurs,
Moines d'Espagne et nonnains d'Italie.
Eux bien payés consultèrent soudain
En grec, hébreu, syriaque, latin.

Observons encore qu'à la p. 564, l'auteur nous avait déjà dit :

On doit répéter la préposition *de* avant tous les noms en régime, toutes les fois qu'il y en a plusieurs.

Comme si l'on pouvait la répéter quand il n'y en a qu'un.

Et pourtant nous lisons p. XXXVIII de ses *Commentaires* :

Les langues diffèrent dans l'usage *des* métaphores et autres figures propres à chaque langue.

Et à la page 7 du même ouvrage :

Tant que Paul et Virginie avaient été tout jeunes enfants, ils ne s'appelaient que par les noms tendres et affectueux de frère et sœur.

DE LA PRÉPOSITION *en*.

Nous venons de voir deux vers cités par M. Landais et où la préposition *en* n'est pas répétée devant chaque régime, ce qui ne l'empêche pas de nous dire, p. 564, après avoir parlé des exemples où *à* et *sans* ne sont pas répétés :

Nous ne nous rappelons pas en avoir vu pour *en*.

Du reste il n'est pas étonnant que M. Landais oublie ses citations lorsque sa mémoire est assez ingrate pour lui faire oublier ses propres phrases ; car nous allons citer des phrases de M. Landais où la préposition *en* ne se trouve pas répétée devant chaque régime :

Grammaire, p. 295. — Nous diviserons donc les pronoms *en* personnels, possessifs, relatifs, absolus, démonstratifs et indéfinis.

Idem, p. 230. — Cette division *en* noms appellatifs et noms propres a cependant paru trop restreinte à presque tous les grammairiens.

Id., p. 324. — On divise les verbes *en* réguliers, irréguliers et défectifs.

Id., p. 325. — On distingue quelquefois ces verbes *en* verbes pronominaux, verbes réfléchis et verbes réciproques.

EN CAMPAGNE.

Grammaire, p. 580. — Si l'on veut parler d'un homme qui n'est pas en ville, on doit dire qu'il est *en* campagne.

OBS. — Cependant dans son dictionnaire M. Landais blâme J.-J. Rousseau d'avoir dit : « Il est toujours prêt à courir *en* campagne. »

DIFFÉRENCE ENTRE AVOIR *rapport à* ET AVOIR *rapport avec*.

Grammaire, p. 577. — Ne confondons pas les *substantifs rapport à* avec *rapport avec* :
Les sujets ont *rapport aux* princes.
En matière de peinture une copie a *rapport avec* l'original si elle lui ressemble, si elle en retrace tous les traits.

OBS. — Nous ne comprenons pas ce que c'est que *les substantifs rapport à*. Nous ne comprenons pas non plus ce que signifie cette phrase : *Les sujets ont rapport aux princes*. Sans doute que l'auteur veut dire que les sujets dépendent des princes ; mais qui, si ce n'est M. Landais, voudrait exprimer cette idée en ces termes ?

Quant à l'autre exemple, nous croyons qu'il fallait : *En matière de peinture une copie a* DU *rapport avec l'original*.

A la p. 307, M. Landais emploie ces deux expressions dans la même phrase et dans le même sens :

Quelqu'un a deux significations différentes, selon qu'il est sans *rapport à* un nom, ou qu'il est en *rapport avec* un nom.

AUPRÈS DE, AU PRIX DE.

Grammaire, p. 579. — *Au prix de*, qui est une locution adverbiale, nous paraît néanmoins bien préférable, pour signifier en comparaison de, au déterminatif *auprès*.

OBS. — *Au prix de* ne nous paraît pas plus une

locution adverbiale que *auprès de*; ce sont deux prépositions composées. Il nous semble aussi qu'au lieu d'inviter à préférer *au prix de* à *auprès de*, sans nous en donner aucune raison, il eût été mieux de chercher la différence de ces deux expressions, qui consiste en ce que la seconde s'entend de deux choses comparées par un rapprochement réel ou supposé, et que la première au contraire se dit des choses qui ne peuvent être ainsi rapprochées.

DURANT, PENDANT.

Grammaire, p. 368. — *Durant* marque une durée continue; *pendant* une durée d'époque non bornée. Ainsi l'on doit dire : Les ennemis se sont cantonnés durant l'hiver, *s'ils ont mis tout l'hiver à se cantonner;* et les ennemis se sont cantonnés pendant l'hiver, *s'ils n'ont employé à cette opération qu'une partie de l'hiver.*

Obs. — Ou M. Landais n'a pas compris le sens de l'exemple qu'il cite d'après Wailly, ou les mots dont il se sert expriment mal sa pensée. Quand on dit que les ennemis se *sont cantonnés durant l'hiver*, on veut faire entendre, non, comme dit M. Landais, qu'*ils ont mis tout l'hiver à se cantonner*, mais, comme dit Wailly, qu'ils sont restés cantonnés tant que l'hiver a duré.

RÉUNIR A.

Grammaire, p. 573. — On dit fort bien *unir*, joindre une chose à une autre, mais on ne peut pas dire *réunir* une chose à une autre; on réunit deux choses.

Obs. — M. Landais ne tient pas beaucoup compte de cette observation :

Grammaire, p. 215. — Il s'en faut bien que nous soyons

sortis de ce labyrinthe de déclinaisons fictives. Après celles des noms, que nous avons *réunies à* celles des articles afin d'abréger, viennent celles des pronoms et des adjectifs.

Commentaires, p. 89. — L'homme instruit, qui *réunit à* cette prérogative le privilége d'être aimable, est, sans contredit, le mortel le plus précieux qu'on puisse jamais rencontrer.

Id., p. 151. — Ce n'est pas tout encore : elle cherche à *réunir* l'agréable *à* l'utile.

Id., p. 231, à propos d'un passage des *Paroles d'un Croyant* :

Nous choisissons ce morceau de préférence à un millier d'autres, parce qu'il *réunit à* la hauteur des pensées la perfection et la pureté d'un style biblique et évangélique.

Id., p. 275. — Toutes ces périphrases produisent le plus brillant effet.... Mais il faut qu'elles *réunissent* la perfection du style *à* l'exactitude des expressions.

CHAPITRE XIII.

DES FIGURES ET DES VICES DE STYLE.

DE L'INVERSION.

INVERSION DU RÉGIME.

Grammaire, page 109. — Le régime direct d'un verbe ne se transporte jamais avant le régissant. On en trouve néanmoins des exemples dans nos anciens poètes, mais c'est une faute qu'on ne doit pas imiter.

Obs. — Et pourtant, quelques lignes plus haut, l'auteur loue avec raison cette inversion de Fléchier : « *Quelle discipline* peut établir dans son camp celui qui ne peut régler ni son esprit ni sa conduite ? »

Il y a donc des cas où le régime direct d'un verbe se transporte avant le régissant.

INVERSION DU SUJET.

Grammaire, p. 494. — A propos de l'inversion du sujet, l'auteur nous dit :

Le nom doit encore se placer après le verbe dans les phrases qui commencent ou par un verbe unipersonnel ou par les mots *tel*, *ainsi* : Il est arrivé un grand malheur ; *tel* était l'acharnement des soldats, etc. — *Ainsi* finit cette sanglante scène. Mais cette transposition n'a lieu que lorsque le verbe n'a pas de régime.

Obs. — Encore une inexactitude causée par la manie de vouloir tout changer en règles précises. Voici des phrases analogues à celles que cite l'auteur, et où pourtant l'inversion a lieu quoique le verbe ait un régime.

Il s'est glissé une erreur. — Tel *leur* apparut Moïse. — Ainsi *se* termina cette sanglante scène.

DE L'ELLIPSE.

L'*ellipse*, mot grec qui signifie *manque*, *défaut*, est le retranchement d'un ou de plusieurs mots nécessaires pour rendre la construction pleine et entière. (*Comment. et Etudes*, p. XLIV.)

Obs. — D'après cette définition, comment M. Landais (*Comment.*, p. XLV) peut-il voir une ellipse dans cette phrase : *Nous ferons la moisson à la mi-août ?*

C'est-à-dire, dit-il, *à la moitié du mois d'août.*

Nous voyons dans cette phrase non un mot sous-entendu, mais un mot coupé en deux ; nous y reconnaissons bien une syncope ; mais où est l'ellipse ?

DE LA MÉTAPHORE.

Commentaires et Etudes, p. LXVII. — Il ne faut pas forcer la métaphore ; *car elle doit toujours être on ne peut plus naturelle ;* ainsi on ne dirait pas avec un certain auteur : *Je baignerai mes mains dans les ondes de tes cheveux.* Les cheveux ne sont pas de l'eau dans laquelle on puisse se baigner.

OBS. — Les métaphores suivantes ne nous paraissent pas bien naturelles :

L'homme qui s'est rendu capable d'*anatomiser* tous les défauts du plus mauvais livre est aussi celui qui sera le mieux organisé pour faire ressortir les beautés du meilleur des écrivains, et *vice versâ*. (P. IX des *Comment.*)

Souvent aussi tels mots, qui d'ailleurs ne signifient rien de moins décent que bien d'autres qui n'ont pas été *ensevelis dans le même malheur*, sont cependant tombés dans le mépris ; de là les mots bas. (*Id.*, p. XIV.)

Pourquoi les rois ont-ils oublié de se souvenir continuellement qu'ils ont un maître au-dessus d'eux, un maître qui *plane au-dessus de leurs couronnes ?* (*Id.*, p. 195.)

En parlant de la reine d'Angleterre :

Oui, dans une seule vie de femme et de jeune reine vous allez voir toutes les extrémités des choses humaines... *L'échelle du bonheur et du malheur va être montée, descendue et remontée tour à tour.* (*Id.*, p. 200.)

— Pour consoler nos amis, il faut essayer d'abord de faire *vibrer les cordes* de leur âme, en se mettant à l'unisson de leur cruelle situation. Ce n'est que par le *frottement de la douleur* qu'on peut espérer *d'user* la douleur. (*Id.*, p. 250.)

Les adjectifs pronominaux *ont* aussi bien des *caprices* pour la formation de leur pluriel : *celui* fait *ceux*, *cet* fait *ces*, etc. (*Gramm.*, p. 287.)

Des défauts qu'on *anatomise*.... Des mots *ensevelis* dans le malheur.... Dieu qui *plane* au-dessus des rois.... L'*échelle* du bonheur et du malheur qu'on *monte*, *descend* et *remonte*.... Faire *vibrer* les *cordes* de l'âme.... *User* la douleur par le *frottement* de la douleur.... Des adjectifs qui *ont des caprices*..... Quel style forcé ! Quelles expressions contournées ! — Quant à cette expression *faire vibrer les cordes de l'âme*, qui paraît moins ridicule que les autres, nous ajouterons que le cœur étant le siége des sentiments, on peut dire et qu'on dit effectivement : *Faire vibrer les cordes du cœur*. C'est sans doute le souvenir de cette expression qui a fait dire à notre auteur : *Faire vibrer les cordes de l'âme*. Mais il n'avait pas fait attention que le mot *âme* offre à l'esprit quelque chose de trop métaphysique pour qu'on puisse établir un rapport entre l'objet qu'il représente et un instrument à cordes.

MÉTAPHORES NON SOUTENUES.

Comm. et Etudes, p. LXVIII. — Chaque métaphore doit être soutenue ; c'est-à-dire qu'il ne faut pas joindre ensemble des expressions qui présentent des idées contradictoires, disparates, incompatibles.....

comme si l'on comparait un orateur véhément à un torrent qui s'allume

Obs. — M. Landais nous dit à la page 4 du *Prospectus* de ses *Commentaires* :

Puisse notre travail *remplir* réellement le *but* que nous nous sommes proposé !

Et il répète cette expression à la page 272.

Les expressions nous semblent ici disparates, car le but ne se présente pas à l'esprit comme quelque chose de creux, que l'on puisse remplir, mais comme quelque chose où l'on vise ; il ne faut donc pas dire *remplir un but*, mais atteindre un but ou mieux atteindre à un but.

Nous croyons qu'il y a encore incohérence d'expressions dans les phrases suivantes :

Un autre *mobile* de consolation se *puise* encore dans les souffrances de celui qui cherche à alléger des souffrances qu'il partage lui-même. (*Comm.*, p. 256.)

Un *mobile* ne se puise pas ; c'était *motif* qu'il fallait employer.

Commentaires, p. 226. — Dieu, qui me dicte sa parole, va se charger lui-même *d'amollir* vos cœurs froids et endurcis.

On n'*amollit* pas des cœurs froids ; on les *réchauffe*.

Comment., p. 250. — Le vieillard vénérable qui apporte à Paul des consolations est un homme de la plus *haute* expérience.

Nous concevons qu'on dise une haute vertu ; mais nous ne pouvons nous figurer l'expérience comme quelque chose d'élevé. Il nous semble que la plus *profonde expérience* eût été plus convenable.

Comment caractériser les métaphores suivantes, nous laisserons ce soin aux lecteurs :

Commentaires, p. IX. — Ce cours d'instruction littéraire prouvera mieux que tout ce que nous pourrions avancer combien il est facile de diriger l'intelligence naturelle, de redresser les vices contractés, de fortifier, d'*asseoir* les esprits *flottants*, de faire fructifier par un bon *ensemencement*, ou par un nouvel *engrais* plus solide et plus *confortable*, les germes de l'enseignement littéraire et grammatical que nos colléges et nos écoles se sont trop peu donné la peine de cultiver.

Comment., p. 180. — Thomas Morus connaissait trop bien son fameux maître pour rêver une seule fois qu'il entrât dans son cœur le moindre *ingrédient* de loyale et de pure clémence.

Asseoir des esprits flottants, faire fructifier les germes de l'enseignement par un bon ensemencement et par un engrais plus confortable ! Quel goût !.... *Un ingrédient de clémence !* C'est bien là certainement du français de cuisine.

Voici la règle que nous donne M. Landais dans ses *Comment.*, p. LVII, pour bien juger des *tropes* :

Il ne suffit pas, *dit-il*, que les *tropes* fassent image ; il faut que cette image soit soutenue, que toutes les parties en soient d'accord, et qu'on puisse se la représenter *peinte sur la toile ou dessinée sur le papier*, sans que les parties en soient discordantes ou contraires, et sans que l'image totale soit une espèce de monstruosité.

Viennent ensuite deux citations de J.-B. Rousseau, objet de la critique sévère de l'auteur, et dont voici la seconde :

> Que sa vérité propice
> Soit, contre leur artifice,
> Ton plus invincible *mur;*
> Que son aile tutélaire,
> Contre leur âpre colère,
> Soit son *rempart* le plus sûr.

Imaginez, *ajoute l'aristarque*, un tableau dans lequel la vérité serait représentée comme un mur, et sur lequel une aile serait peinte sous la forme d'un rempart; et vous sentirez parfaitement l'*absurdité* d'une pareille composition.

Obs. — Au lieu de nous récrier contre cette règle qui nous paraît tant soit peu pédantesque, et contre la rigoureuse décision qui fait traiter d'absurdes des vers que d'autres trouveraient bons peut-être, nous nous servirons de la règle que nous donne l'auteur pour juger quelques-unes de ses images, faisant observer que quand on se montre un si sévère censeur, il faut bien se donner de garde d'offrir soi-même de fréquents sujets à la critique.

Nous demanderons donc à M. Landais ce qu'il penserait d'un tableau où l'on représenterait *un but* comme quelque chose que l'on *remplit*.... La *consolation* comme un *mobile* que l'on *puise*.... Des *cœurs froids* qu'on *amollit*.... Des *esprits flottants* qu'on *assied*.... Les *germes* de l'enseignement sous la forme d'un *engrais confortable*.... La *clémence* sous celle d'un *ingrédient*.

Que M. Landais nous dise si ces images totales ne feraient point une espèce de *monstruosité* pire que la vérité représentée comme un *mur*, et des ailes comme un *rempart*, où nous ne pouvons voir les idées aussi incohérentes qu'il le prétend.

Ceux qui courent après l'esprit et après les ornements du discours (*nous dit M. Landais, p.* LIX *de ses Comm.*), emploient souvent des figures qu'ils croient brillantes, parce qu'elles sont peu communes; et elles ne sont que ridicules par leur opposition au bon sens et au bon goût.

Ces paroles sont la condamnation des figures que nous venons de lire, et de celles que nous aurons encore occasion de citer.

PLÉONASME, PÉRISSOLOGIE, BATTOLOGIE.

PLÉONASME VICIEUX.

Comment., p. L. — L'usage et le goût rejettent également tous les pléonasmes qui ne sont qu'une pure répétition de la même idée, et qui, au lieu de donner de la force ou de la grâce au discours, ne font que *de* (1) le rendre lâche et traînant. Telles seraient ces expressions : *S'entr'égorger les uns les autres.* — *Engagements réciproques de part et d'autre.* — *Cadavres inanimés.* — *Tempête orageuse*, etc.

Voici un pléonasme de ce genre qui est assez fréquent; nous l'avons trouvé dans un petit écrit : *Dans le principe, pour déconcerter et faire trembler les factieux, on*

---

(1) Il fallait dire : *Ne font que le rendre lâche et traînant.* M. Landais oublie ici la différence qu'il y a entre *ne faire que*, et *ne faire que de*. Cette dernière expression signifie venir de faire quelque chose, etc.

n'aurait eu seulement *qu'à se montrer. Seulement* est inutile, puisque *ne.... que* en a la signification.

Obs. — Voici des pléonasmes tirés d'*un grand écrit* et qui sont du même genre que celui qu'on vient de lire :

Grammaire, p. 202. — Acceptant pour principe immuable de prononciation figurée qu'elle consiste à *ne* s'occuper *uniquement que* du son de chaque syllabe, nous nous sommes rigoureusement conformés à cette loi.

Commentaires, p. v. — Il n'est plus toléré de penser et d'écrire *seulement* pour l'*unique* plaisir de penser et d'écrire.

Id., p. 254 et 255. — Elle *n*'avait plus *que* votre *seul* travail pour satisfaire aux nécessités de sa vie et de la vôtre.

En voici d'un genre différent, mais qui n'en sont pas moins vicieux :

A propos de cette phrase de M. de Chateaubriand sur les tombeaux de Saint-Denis :

« On n'entend plus que le son de son horloge, qui va roulant dans les tombeaux vides et les souterrains dévastés. »

M. Landais nous dit, p. 52 de ses *Commentaires* :

Il était impossible de mieux terminer ce morceau que ne l'a fait M. de Chateaubriand ; ces tombeaux vides et ces souterrains dévastés nous font *retourner* la tête *en arrière*.

Pour ne pas faire un pléonasme vicieux, il aurait fallu dire : *Tourner la tête en arrière*.

Id., p. 3. — A propos de ces paroles de Paul à Virginie :

« Mademoiselle, vous partez, dit-on, dans trois jours. »

L'auteur fait plusieurs observations sur le terme de *mademoiselle* dont se sert Paul pour la première fois à l'égard de Virginie, et ajoute :

Dans cette appellation de mademoiselle, j'*y* vois plus encore; j'y vois toute l'amertume, tout le désespoir de son cœur affligé.

Le premier *y* forme un pléonasme vicieux, car il remplace un complément déjà exprimé.

Commentaires, p. 96. — Après avoir commenté ces paroles de Chateaubriand :

« Les petits enfants se sont joués avec les os des puissants monarques. »

Notre auteur s'écrie :

Pauvre misère humaine !

Id., p. 84. — Qu'il y a peu de tendresse *aimante* dans l'âme de cette jeune fille !

Id., p. 87. — Ne vous abusez point; cet ennui, vous vous l'êtes créé; vous vous êtes fait un monde fantastique d'illusions *fausses et mensongères*.

Id., p. 175. — C'est ce qui nous *oblige forcément* à entrer dans les plus secrets détails du style.

Une *pauvre misère humaine !*.... Une *tendresse aimante*... Des *illusions fausses et mensongères*... *Obliger forcément*.... ne nous paraissent pas beaucoup différer de *cadavres inanimés*, et de *tempête orageuse*, critiqués par l'auteur.

PÉRISSOLOGIE.

Commentaires et Études, p. LII. — La *périssologie* est un mot purement grec, qui signifie *langage superflu*.... La *périssologie* désigne la superfluité des mots dans chaque phrase, c'est-à-dire leur inutilité.

Obs. — Voyons si, d'après cette définition, nous ne trouverons pas ce vice de style dans les phrases qui suivent :

Comm., p. xxxviii. — On entend par idiotisme la manière de parler *particulière, exclusivement spéciale* à une langue.

Ces trois mots *particulière, exclusivement spéciale*, n'expriment-ils pas la même idée ?

Id., p. 13. — Rien ne tue l'esprit, rien ne dévore le cœur, comme le souvenir d'*heureux* temps de *bonheur* qui n'existent plus pour nous.

Id., p. 34. — Non seulement les cercueils étaient rangés les uns à côté des autres ; dans plusieurs endroits ils étaient *entassés les uns sur les autres*.

Id., p. 203. — Nous rapprocherons du sublime Bossuet un missionnaire célèbre dans un tout autre genre ; on pourra les *comparer ensemble*.

D'*heureux* temps de *bonheur*.... Des cercueils *entassés les uns sur les autres*.... Des orateurs qu'on *compare ensemble*.... Voilà bien cette *superfluité* de mots que notre auteur appelle *périssologie*.

Id., p. 110. — Le comte, car l'époux est tout ce qu'il y a de plus noblement comte, passe pour un homme instruit, et l'est en effet ; j'ajouterai que c'est même un savant, et un savant sans pédanterie ; ce qui devient *de plus en plus rare de jour en jour*.

Sans parler de ce qu'offre de bizarre ce tour de phrase : *Cet homme est tout ce qu'il y a de plus noblement comte*, nous ferons observer que cette expression : Ce qui devient *de plus en plus* rare *de jour en jour* présente la même idée ; l'auteur devait dire :

Ce qui devient *de plus en plus rare*, ou ce qui devient *plus rare de jour en jour*.

Commentaires, p. 204. — Elle y était venue (*la reine d'Angleterre*) d'abord environnée de toute la pompe des honneurs et des plaisirs ; *puis ensuite* en fugitive, sans entourage de grandeur, etc.

Puis ensuite forment une périssologie ; il ne fallait qu'un des deux mots.

BATTOLOGIE.

Dictionnaire de M. Landais. — Battologie : superfluité de paroles ; répétition inutile de la même chose ; abondance de mots vides de sens.

Obs. — M. Landais nous dit à la p. LXVII de ses *Commentaires*, à propos de la métaphore :

Il ne faut pas *forcer* la métaphore, car elle doit toujours être on ne peut plus *naturelle*.

Ce qui revient à dire, ce nous semble, il ne faut pas forcer la métaphore, car il ne faut pas forcer la métaphore. (1re battologie.)

Comment., p. 8. — Où croyez-vous être *ailleurs* plus heureuse que vous n'êtes ici ?

Ailleurs est de trop. (2e battologie.)

Id., p. 79. — Oui, la vie doit vous êtes bien à charge, doit vous sembler bien longue à la campagne.... Que voulez-vous ? Il faut *en* prendre votre parti, puisque vous ne pouvez pas faire autrement.

En ne signifie rien. (3e battologie.)

Id., p. 239. — L'homme vicieux convoite ; il a des désirs ardents, déréglés et *cupides*.

M. Landais a-t-il oublié le *cupidus*, qui désire, de son Rudiment ? Des désirs *cupides* ne nous paraissent pas beaucoup différer de désirs *désireux*. (4ᵉ battologie.)

Comment., p. 275. — Rien que les malheurs qui pèsent pendant la vie sur l'*infortune* et sur l'innocence feraient croire à l'existence d'un paradis *de bonheur* après la mort.

Ici nous en trouvons deux au lieu d'une : Des *malheurs* qui pèsent sur l'*infortune*.... Un *paradis de bonheur*. (5ᵉ et 6ᵉ battologie.)

Id., p. xiii. — Un corps quelconque peut être à la fois noir, carré, froid, sans saveur, etc., et *être* en repos.

Être est de trop. (7ᵉ battologie.)

Nous lisons à la p. 6 du dict. de M. Landais :

Quoi de plus *indispensablement nécessaire* que ces deux choses? l'étymologie, cette science vraiment mnémotechnique, qui facilite tant la connaissance et l'intelligence des mots ; la prononciation, qui embarrasse si souvent les étrangers et nos Français *mêmes*.

Indispensablement voulant dire *nécessairement*, comme le dit M. Landais dans son dict., dire quoi de plus *indispensablement nécessaire*, c'est comme si l'on disait : Quoi de plus *nécessairement nécessaire*. (8ᵉ battologie.)

Nous ferons remarquer aussi que *mêmes* serait mieux écrit *même*.

RÉPÉTITION.

La *répétition* a lieu lorsqu'on emploie plusieurs fois soit les mêmes mots, soit les mêmes tours. On ne doit se servir de cette figure que lorsqu'elle ajoute au discours des circonstances qui peignent les objets avec plus de force ou qui rendent plus vivement le sentiment intérieur. (*Comment. et Etudes*, p. L.)

Obs. — C'est sur ces paroles de M. Landais que les lecteurs pourront juger des répétitions qu'il emploie dans les phrases qu'on va lire.

Comment., p. 205. — Notre auteur commente ces paroles de Bossuet dans l'oraison funèbre de la reine d'Angleterre :

« Si les paroles nous manquent, si les expressions ne répondent pas à un sujet si vaste et si relevé, les choses parleront assez d'elles-mêmes. »

Ce qui équivaut, *dit M. Landais*, textuellement à dire : Si nous manquons de force et de courage au milieu de notre discours ; si notre style n'est pas à la hauteur d'un sujet qui embrasse *tant de choses*, et de si *belles choses*, et de si *grandes choses*, les faits que nous allons retracer en diront plus que toutes nos paroles.

Nous ne savons si la phrase de M. Landais est la copie *textuelle* de celle de Bossuet ; mais nous sommes bien convaincu que si l'orateur se fût exprimé en pareil style, il n'eût jamais été le grand Bossuet. Quelle puérile répétition que celle-ci : *Tant de choses, de si belles choses, de si grandes choses !*

Du reste, la répétition est décidément la figure favorite de notre savant grammairien. En voici d'autres exemples que nous trouvons au même endroit :

Ce cœur que tant d'amertumes ont dû noyer dans cet *abyme* profond comme le plus profond des *abymes*.... Il n'a donc plus qu'à revenir à l'auguste personnage de la *royale* défunte dont il va nous dépeindre toutes les *royales* douleurs.

Aussi tout a eu *part*, une bien large *part* à *toutes* ses grandeurs; mais aussi elle n'a pu manquer d'accepter comme une leçon d'en haut *tous* ses malheurs, *toutes* ses disgraces; *tous* ses revers; et cette leçon lui a plus profité que la *gloire*, que la plus grande *gloire* continue; quand même *toute* cette *gloire* humaine lui eût été utile pour la *gloire* de Dieu.

Comm., p. 226. — Ce n'est pas *moi* d'ailleurs qu'il faut écouter; *moi* je ne suis rien; rien que l'indigne ministre d'un Dieu qui me dicte sa parole, va se charger lui-même d'amollir vos cœurs froids et endurcis; et je sais bien qu'il en doit être ainsi; car *moi* j'ai fait une longue expérience de ses miséricordes. J'ai souvent désespéré de *moi*; mais mon Dieu est toujours venu à mon secours.

Certes, s'il est des répétitions choquantes, c'est surtout celle de *moi*, et si le P. Bridaine eût parlé comme le fait ici parler son commentateur, nous doutons qu'il eût fait autant d'impression.

Id., p. 250. — *Et* vous n'avez pas oublié tout l'intérêt *que* je vous porte; *et* vous n'avez pas oublié *que* je vous ai souvent répété *que* la vie n'était environnée, remplie *que* d'accidents, *que* de catastrophes, contre lesquels la prudence humaine ne peut *qu'*échouer.

Id., p. 260. — Vous avez tout laissé *faire*; vous n'avez rien *fait*; que dis-je? vous auriez tout *fait* pour que rien de ce qui s'est *fait* ne se *fît*.

Il s'en est peu fallu ici que M. Landais n'ait fait entrer toute la conjugaison du verbe *faire* dans sa phrase. On lirait à peine une page dans notre auteur sans rencontrer quelque exemple semblable à ceux que nous venons de citer.

BARBARISME.

Un BARBARISME, *dit M. Landais dans son*

dictionnaire, est une faute qu'on fait contre la pureté de sa langue en se servant de mots inconnus et inusités.

Obs. — Nous sommes donc en droit de regarder les expressions suivantes comme des barbarismes :

Comment., p. 43. — A propos d'une expression de Chateaubriand :

Le *sans-gêne* de l'allocution mérite aussi notre attention.

Id., p. 44. — L'esprit demeure *confusionné* de ce mutisme incompréhensible.

Id., p. LXXXXII. — Tout est dans l'imitation des plus excellents modèles. Efforçons-nous de nous les approprier, de nous les rendre au moins familiers ; ce n'est du reste là que le résultat de toutes les études positives que nous avons tous besoin de cultiver pour *progresser* dans la langue et dans la littérature de la langue.

Id., p. 81. — Où puisera-t-on mieux les principes de la morale et la sagesse que dans les recueils des ministres d'un Dieu qui les a chargés de ce soin, qui leur a *insufflé* par sa grâce divine tout ce qu'ils devaient dire, tout ce qu'il y avait à dire ?

Id., p. 35. — L'âme se trouve émue, *commotionnée* ; elle est émue, *commotionnée* tout entière.

Id., p. 167. — Elle y était venue sans ce luxe *ébouriffant* qui sert de cortége aux rois heureux.

Un *sans-gêne, confusionné, progresser, insuffler, commotionné, ébouriffant,* ne se trouvent pas dans le dictionnaire de M. Napoléon Landais.

Grammaire, p. 8. — Dans notre dictionnaire nous avons *nomenclaturé* tous les verbes irréguliers à leur ordre alphabétique.

Id., p. 77. — On voit que tous les mots dérivés de ceux

que nous venons de *nomenclaturer,* et qui commencent par *h*, ont cette lettre aspirée.

Nomenclaturer est peut-être un néologisme heureux, mais M. Landais a oublié de le *nomenclaturer* dans son dictionnaire *à son ordre alphabétique.*

NÉOLOGISME.

Recherche d'expressions nouvelles, de mots nouveaux, *dit le dictionnaire de M. Landais.*

Obs. — Il n'en cite pas d'exemples ; nous allons en citer pour lui.

Comment., p. 50. — A propos de Saint-Denis, M. Landais nous dit :

Ceux qui auraient pu s'y montrer étaient trop *endoloris* encore pour supporter le spectacle des scandales horribles qui s'y étaient commis.

Endoloris, dit M. Landais dans son dictionnaire, est un terme inventé par J.-J. Rousseau. Notre grammairien n'aurait-il pas mieux fait d'employer ici une expression consacrée par l'usage qu'un terme usité chez un seul auteur ?

Id., p. 77. — Certes, nous pouvons juger par nos propres yeux aujourd'hui de l'*insuccès* qu'a eu ce sermon.

M. Landais nous fait remarquer dans son dictionnaire que ce mot est un mot nouveau, qui, quoique employé par un assez grand nombre d'écrivains, ne doit pas être encore regardé comme adopté par l'usage; il cite même l'opinion de Laveaux qui en blâme formellement l'emploi. D'après cela, pourquoi M. Landais ne disait-il pas : *Du peu de succès qu'a eu ce sermon ?*

Commentaires, p. 112. — Oh! très-aimable cousine, que la vie est douce, mais qu'elle est *brève* au sein des champs! Je ne me rassasie pas de me sentir vivre de cette vie si simple, si tranquille.

On dit bien une voyelle *brève*, mais une *vie brève!* cette expression sent un peu trop la grammaire.

Id., p. 156. — Vos conversations deviendraient *consolatrices*.

Cet adjectif appliqué aux choses nous paraît un néologisme, quoique nous le préférions cependant à *consolatoire*, que l'on trouve dans le dictionnaire de M. Landais.

Grammaire, p. 181. — Nous *pensons inutile* d'avertir que c'est une faute de mettre une cédille sous le *c* qui précède la voyelle *e* ou *i*, puisque le *c* ne peut avoir le son dur que devant *a*, *o*, *u*.

On dit bien nous *croyons inutile d'avertir*, par la raison que l'infinitif avertir a le sens d'avertissement et que l'on peut dire croire un avertissement inutile; mais peut-on dire *penser un avertissement inutile?*

Nous citerons encore ici une phrase où M. Landais a voulu rajeunir un vieux mot :

Commentaires, p. 147. — Toute fille bien dirigée dans son éducation ne doit avoir d'*accointance* avec qui que ce soit autre que ses parents ou ceux à qui elle est confiée.

M. Landais nous dit dans son dictionnaire que *accointance* est un vieux mot encore usité dans le style badin. Serait-ce donc en style badin que M. Landais aurait eu la prétention d'écrire ses *Commentaires?*

NAÏVETÉ.

M. Landais distingue trois sortes de naïveté

1° Ingénuité, simplicité d'une personne qui n'use point de déguisement ; 2° grâce, simplicité naturelle et exquise, vérité ou vraisemblance parfaite dans l'expression, dans la représentation d'une chose ; 3° simplicité niaise. (*Dict. des Dict.*)

OBS. — Les lecteurs décideront à quelle sorte de naïveté appartiennent celles qu'on va lire :

Grammaire, p. 119. — Chaque langue tient plus ou moins de celles qui ont concouru à sa formation.

Comment pourrait-il se faire qu'une langue ne tînt pas de celle qui l'a formée ? Sont-ce là des vérités à dire à des lecteurs intelligents ?

Id., p. 187. — Il faut placer un tréma sur la voyelle *e* dans les mots suivants : *Israël, ciguë, aiguë, ambiguë*, etc., parce que ces trois mots sans tréma se prononceraient comme *figue, aigue, intrigue, ce qui défigurerait entièrement leur prononciation.*

A quoi sert ce dernier membre de phrase ?

Id., p. 282. — Tous les adjectifs ont pour première terminaison ou un *e* muet, ou une autre voyelle, ou une consonne ; et pour seconde terminaison ils ont toujours un *e* muet.

Les adjectifs ont pour terminaison une voyelle ou une consonne ; ceci ne ressemble-t-il pas à : *Un quart d'heure avant sa mort il était encore en vie ?*

Id., p. 287. — Tous les noms de nombre qu'on appelle cardinaux n'ont point de singulier, non plus que l'adjectif plusieurs. Il serait absurde qu'un nom dont l'office est de marquer la pluralité pût n'indiquer qu'un seul être ; ainsi *deux, dix, vingt, cent*, etc., sont toujours au pluriel.

Mais n'est-il pas aussi absurde de se croire obligé à de pareilles démonstrations?

Commentaires, p. 237. — A propos de ces paroles de M. de Lamennais :

« Qui s'aime plus que son frère n'est pas digne du Christ, mort pour ses frères. »

M. Landais nous fait ce commentaire :

Il faut aimer ses frères plus que soi-même, mais il ne faut pas s'aimer plus que ses frères ; à nous de les aimer, à eux de nous aimer ; c'est le seul moyen de jouir de la réciprocité de l'amour.

Après nous avoir dit qu'*il faut aimer ses frères plus que soi-même,* que signifie d'ajouter *mais il ne faut pas s'aimer plus que ses frères*? et surtout de nous dire que le seul moyen de *jouir de la réciprocité de l'amour* c'est d'aimer et d'être aimé?

Commentaires, p. 155. — Au sujet de cette phrase de Virginie écrivant à sa mère :

« C'est ce pays-ci qui est pour moi un pays de sauvages. »

M. Landais s'adressant à Virginie elle-même, lui dit :

Cher et bon ange, il ne faut pas juger de tous les hommes d'après ceux-là seuls qui nous entourent. Les Français ne sont pas plus sauvages que tant d'autres ; nous osons même avancer qu'il y a de bonnes gens, d'excellentes gens de tous côtés.

Sans doute, sans doute, M. Landais ; vous pouvez oser avancer cette vérité ; personne ne vous la contestera ; mais nous oserons aussi vous faire observer que ce sont là de ces trivialités qu'un auteur ne doit jamais dire.

AMPHIGOURI.

Phrase, discours, poème burlesque, dont les mots expriment des idées sans ordre et vides de sens. (*Dict. des Dict.*)

Obs. — En voici des exemples :

Gramm., p. 460. — A propos de cette manière de parler conseillée par Vaugelas : *Il l'exhortait à faire quelque chose digne de sa naissance*, M. Landais nous dit qu'il ne l'approuve point, et cela pour deux raisons. La première, c'est que l'usage d'employer *de* devant l'adjectif a de tout temps existé, et la seconde, voici comment il la développe :

La seconde raison, c'est que nous pensons que ce changement serait une faute, parce que le mot chose, joint à quelque, change de nature, ne présente plus alors une idée déterminée, comme lorsqu'il est uni à tout autre prépositif, mais qu'il présente seulement une idée vague qui a besoin d'être déterminée.

Simplicité et clarté, voilà le but où l'on doit tendre quand on veut être utile, dit M. Landais, p. 480. M. Landais est-il arrivé à ce but dans la phrase qu'on vient de lire, et dans les phrases qu'il nous reste à citer ?

Grammaire, p. 583. — L'adverbe sert à exprimer quelque circonstance de temps ou de lieu, ou à modifier d'une manière quelconque, exprimée non seulement par une qualité purement énonciative ou de forme, mais par une qualité active, convertie en verbe, ou même par une qualité passive.

N'est-ce pas là de vrai jargon grammatical ?

Grammaire, p. 585. — Question difficile à résoudre.

M. Landais établit en tête d'un article cette question heureusement exprimée :

Quand pas *ou* point *sont-ils préférables à l'autre ?*

A l'autre quoi, M. Landais ?

Commentaires, p. vii. — Que chacun de nous sonde religieusement les replis de cette conscience spirituelle, qui fait naître et qui alimente l'amour-propre ; et nous aurons bientôt recouvré tous nos droits au bon sens et à la réflexion ?

Qu'est-ce qu'une *conscience spirituelle qui fait naître l'amour-propre* ? Qu'est-ce que *recouvrer des droits au bon sens et à la réflexion* ?

Id., p. 25. — Chateaubriand dit en parlant de Saint-Denis :

« La ville de Henri IV et de Louis-le-Grand était assise dans le voisinage ; et la sépulture royale de Saint-Denis se trouvait au centre de notre puissance et de notre luxe, comme un trésor où l'on déposait les débris du temple et la surabondance des grandeurs de l'empire français. »

La seconde partie de la phrase (*et la sépulture royale, etc.*), nous dit M. Landais, n'est qu'une redondance ; nous sommes obligé de l'avouer.

Nous ne partageons pas l'opinion de M. Landais ; et nous croyons que la première partie de la phrase demande nécessairement la seconde. Mais ce qu'il y a de vraiment curieux, c'est ce que l'auteur ajoute à propos de la dernière partie de la phrase : *Comme un trésor*, etc. Un commentaire doit être sans doute au moins aussi clair que le passage commenté. Les lecteurs jugeront de celui-ci :

Un tombeau, dit M. Landais, est le véritable trésor d'une famille religieuse, attachée à ceux qui furent les

siens; quant aux débris du temple qui composaient ce trésor, il faut accepter que les rois sont pendant leur vie les vrais dieux de la terre; on peut donc dire que l'endroit de leur sépulture est le temple, le dernier temple, dont ces rois ne sont que les tristes débris. L'image qui suit n'est que la conséquence de l'idée première; et *la surabondance des grandeurs de l'empire français* arrive à point pour affaiblir l'idée par trop grandiose du sépulcre-temple; en faisant comprendre que pour une grandeur de roi qui s'est éteinte, toutes les grandeurs de notre France ne se sont pas écroulées dans la même catastrophe. La France seulement avait trop de héros; et elle a dû perdre seulement la surabondance de ses héros.

Tout ce que nous avons pu saisir à travers l'obscurité de ce style amphigourique, c'est que notre commentateur a cru que par le mot *temple* Chateaubriand entend le sépulcre, tandis que c'est Versailles et Paris.

Commentaires, p. 157. — A propos de cette dernière phrase d'une lettre de Virginie à sa mère:

« C'est ce pays-ci qui est pour moi un pays de sauvages; car j'y vis seule, n'ayant personne à qui je puisse faire part de l'amour que vous portera jusqu'au tombeau, très-chère et très-honorée maman, votre obéissante et tendre fille. »

L'auteur nous dit:

La conclusion de cette lettre est admirable de perfection, et sous le rapport du déchirant désespoir de celle que nous pourrions presque qualifier d'orpheline, et sous le rapport de l'étiquette, qui s'observe aussi scrupuleusement à la fin qu'en tête d'une lettre.

Puis, s'adressant à Virginie, il ajoute:

Mais vous n'avez pas encore assez, selon vous, dilaté toute votre âme, pour l'amour de cette tendre mère; vous vous dites encore sa tendre fille, c'est-à-dire que, sensible à la compassion, à l'amitié, et surtout à l'amour que vous lui portez, vous faites le vœu que votre mère se montre sensible à votre égard dans toutes les conséquences que l'épithète *tendre* comporte.

Une lettre admirable de perfection sous le rapport de l'étiquette..... Être sensible à l'amour qu'on porte à quelqu'un.... Se montrer sensible dans toutes les conséquences d'un mot.... Voilà, ce nous semble, un commentaire qui aurait grand besoin d'être commenté.

Commentaires, p. 158. — En parlant des rois que Dieu instruit par le malheur, l'auteur s'exprime ainsi :

Dans cet état de misère, ils n'ont plus qu'à profiter de la leçon qui leur est donnée, leçon qui leur apprend leurs devoirs comme il convient à la grandeur de Dieu *de la leur appliquer, et avec toute la dignité de l'être auguste et céleste* qui se donne la peine de les instruire dans l'intérêt de leur propre conservation et de leur bonheur.

Id., p. 255. — L'âme de Virginie était fortement trempée ; aussi l'on ne peut mettre en doute que le malheur, *le malheur surtout*, ne l'eût rendue encore plus courageuse qu'elle ne s'était montrée pendant les jours les plus délicieux de sa prospérité ; *et ce courage même n'aurait servi qu'à l'aider à succomber chaque jour*, parce qu'elle n'aurait pas souffert que Paul supportât à lui seul tout le poids du jour.

Une leçon qui apprend aux rois leurs devoirs comme il convient à Dieu de la leur appliquer, une leçon qui apprend les devoirs avec toute la dignité de l'être auguste et céleste.... Un courage qui ne sert qu'à aider à succomber chaque jour.... Quelle langue parle là notre savant grammairien ?

Terminons cet article par une phrase où la répétition de *donc* forme un effet singulier :

Commentaires, p. 234. — Si donc l'homme ne peut

compter qu'un jour d'existence, faut-il donc qu'au moins, s'il est raisonnable, il s'assure du bonheur, de la félicité de cette courte journée.

GALIMATHIAS.

Voici ce que nous lisons à l'article *galimathias* dans le dictionnaire de M. Landais :

GALIMATHIAS (des mots latins *Galli Mathias* que prononça en s'embrouillant, au lieu de *Gallus Mathiæ*, l'avocat d'une cause où il s'agissait d'un coq appartenant à un nommé Mathias Huet). Mélange confus de paroles et d'idées incohérentes, que l'on ne saurait entendre, quoiqu'elles semblent dire quelque chose. — Galimathias simple, ce que l'auteur entend, mais que les autres ne peuvent comprendre. — Galimathias double, ce qui est également inintelligible et pour le lecteur et pour l'auteur lui-même. Cette distinction est de Boileau.

OBS. — M. Landais pourra nous dire si le galimathias que nous allons citer est du galimathias simple ou du galimathias double.

Grammaire, p. 182. — Les mots *grand'-croix, grand'-fête, grand'-mère, grand'-messe, grand'-tante*, demeurent invariables, parce qu'il ne s'agit pas d'exprimer réellement la grandeur de ces cinq substantifs.

D'abord il est faux que ces mots *demeurent invariables*, puisqu'ils prennent un *s* au pluriel; l'auteur n'a donc pas dit ce qu'il voulait dire.

En second lieu, qu'est-ce que la *grandeur d'un substantif?* Peut-être l'auteur a-t-il voulu parler de la grandeur des objets désignés par les substantifs; mais alors sa raison est fausse, car si nous disons une *grand' fête*, une *grand' messe*, c'est pour exprimer une fête, une messe plus *grandes* que les autres.

Prospectus des Commentaires, p. 3. — Nous aurions pu intituler notre livre : *Glose et Etudes Littéraires*. Nous avons reculé devant la *vieillerie* plus que *surannée* du mot *glose*, qui dit cependant plus que commentaire.

Qu'est-ce qu'une *vieillerie plus que surannée ?* N'est-ce pas là de ces mots faits pour frapper les oreilles sans rien dire à l'esprit ? *Suranné*, d'après le dictionnaire de M. Landais, signifie *vieux*. Ainsi *une vieillerie plus que surannée*, c'est une vieillerie plus que vieille.

Commentaires, p. xxvii. — Après la citation de cette phrase :

« La gloire qui vient de la vertu a un éclat immortel. »

L'auteur ajoute :

Lorsque la proposition incidente est déterminative, on ne peut la supprimer sans altérer la proposition principale. Ainsi l'on ne peut pas dire : *La gloire a un éclat immortel;* car il s'agirait alors de la gloire en général; d'une gloire quelconque; ce qui n'est pas le sens de la proposition totale; *et ce qui ferait souvent une proposition fausse; tandis que, avec la proposition incidente déterminative, elle est vraie.*

On devine que le grammairien a voulu dire que la suppression d'une incidente déterminative altèrerait le sens de la phrase; mais une idée très claire par elle-même il a su tellement l'embrouiller par la manière de l'exprimer qu'elle est devenue inintelligible.

Commentaires, p. 30. — Parlant de Louis XIV :

Ce n'était pas un simple roi succédant au trône par sa naissance ; c'était le fils d'une multitude de rois successifs, et qui avait gagné son titre de véritable monarque sur le trône même des rois.

Nous craignons bien qu'ici l'auteur ne soit forcé de reconnaître du galimathias double.

Commentaires, p. 286. — Parlant de Millevoye :

Il demande qu'on l'*asseie* au bord du fleuve ; hélas ! le fleuve il ne le voit pas (il était menacé de cécité) ; mais il l'entend couler, et l'intelligence de son âme, *qui a bu à la coupe de la poésie la plus suave, le lui fait voir aussi bien qu'il l'entend.*

Une intelligence qui boit à la coupe de la poésie !.... Quelle intelligence que celle qui nous fait voir un fleuve quand nous sommes aveugles ! Nous ferons remarquer en passant que l'auteur qui écrit ici *asseie*, écrit *asseye* dans la conjugaison du verbe *asseoir. Asseie* doit se prononcer *assé*. Est-ce ainsi que prononce M. Landais ?

Commentaires, p. 122. — Les diminutifs dépeignent la chose plus petite que le mot qui a servi à les former. *Maisonnette*, qui signifie *petite maison* ; *monticule*, *petite montagne*, etc. Il y a dans notre langue une foule de ces diminutifs, *et qu'un auteur de goût peut créer au besoin.*

Il y a des diminutifs *qu'un auteur de goût peut créer !* créer des choses qui existent déjà ! c'est plus difficile que de créer des choses de rien. M. Landais voulait dire sans doute que, outre les diminutifs qui existent, un homme de goût peut en créer d'autres au besoin.

Grammaire, p. 175. — Le *Dictionnaire de l'Académie* pèche ainsi contre la règle de l'article et contre *l'orthographe des majuscules et de la ponctuation dans la rédaction de tous ses mots.*

Qu'est-ce que *l'orthographe de la ponctuation?* Qu'est-ce que *pécher contre les majuscules et la ponctuation dans la rédaction de tous ses mots?* Il faut avouer que le *Dictionnaire de l'Académie* a trouvé en M. Landais un redoutable critique.

STYLE AMPOULÉ.

Ampoulé ne se dit qu'au figuré en parlant du style : *discours ampoulé; vers ampoulés, emphatiques, boursouflés;* avec cette différence que le style emphatique tient plus à la nature des pensées, le style boursouflé à la tournure des phrases, et le style ampoulé aux choix des expressions. (*Dict. des Dict. de M. Landais.*)

Voici maintenant ce que nous lisons à la p. 117 de la grammaire de M. Landais, à propos de cette simple suppression de lettre que les grammairiens ont appelée élision :

Si les Latins pratiquaient rigoureusement l'élision d'une voyelle finale devant une voyelle initiale, quoiqu'ils n'agissent pas de même à l'égard de deux voyelles consécutives au milieu d'un mot; si nous-mêmes, ainsi que bien d'autres peuples, nous avons en cela imité les Latins, c'est que nous avons tous suivi l'impression de la nature, car il n'y a que ses décisions qui puissent amener les hommes à l'unanimité.

Cette longue période, ces grands mots, à propos

d'une chose aussi petite, ne rappellent-ils pas certaines phrases de M. Jourdain? certes Cicéron ne fait pas de période plus ronflante quand il veut prouver l'unanimité du genre humain à reconnaître un Dieu. Ces réflexions s'appliquent également à la phrase suivante :

Grammaire, p. 605. — Si dans le corps d'un vers la dernière syllabe d'un mot est terminée par *e* muet, et que le mot qui suit commence par une voyelle ou par un *h* non aspiré, cette syllabe se *confond*, *s'absorbe*, *s'élide*, dans la prononciation avec la syllabe du mot suivant.

Se confond, s'absorbe, s'élide! Que signifie cette triple synonymie à propos d'une simple élision ?

Voici encore ce que nous lisons à la p. 264 des *Commentaires et Etudes* de M. Landais, à propos de cette phrase de Bernardin de Saint-Pierre :

« La vie de l'homme avec tous ses projets s'élève comme une petite tour, dont la mort est le couronnement. »

Cette phrase, *dit M. Landais*, renferme une des plus *délicieuses*, une des plus riches métaphores du langage... Vous savez que toutes les tourelles sont le plus ordinairement terminées en créneaux, ce qui donne à leur sommet la forme d'une couronne. La métaphore est donc de la plus grande justesse. *Le génie seul fait briller d'aussi vives étincelles; il est impossible de rendre une pensée simple dans un style plus relevé, plus pompeux, et en même temps plus naturel et plus naïf.*

Quelque disposé que nous soyons à admirer ce qui sort de la plume de l'aimable auteur de *Paul et Virginie*, nous ne pouvons partager l'enthousiasme de M. Landais à propos de cette phrase. Nous irons même plus loin, et nous dirons que si dans tout l'ouvrage il y a une phrase qui puisse offrir matière à la critique, il nous semble que c'est celle-ci. Cette figure est brillante mais un peu forcée;

(105)

nous n'y voyons ni ce *naturel*, ni cette *simplicité*, ni cette *naïveté*, qu'y aperçoit notre aristarque, et qui conviennent à toute figure, surtout dans la bouche d'un homme qui converse avec un autre, et c'est précisément le cas dont il s'agit ici.

Commentaires, p. 26. — Au sujet de cette phrase de Chateaubriand, parlant de Saint-Denis :

« C'est là que venaient tour à tour s'engloutir les rois de France. »

Ils venaient là ? expression hardie, qui signifie qu'ils étaient forcés d'y venir (*interprétation fausse, car ces mots s'entendraient aussi bien d'une venue volontaire*); *tour à tour*, les uns à la suite des autres, sans qu'il pût en échapper un seul, sans qu'il pût en être autrement; *s'engloutir*, quel mot! c'est comme si l'on disait qu'ils venaient s'y jeter gloutonnement; car le mot engloutir, pris dans toute la force du terme (1) ne signifie pas autre chose qu'avaler avec gloutonnerie; oui, ils y venaient s'engloutir, s'y absorber, s'y consumer, s'y dissoudre; et quels étaient ces êtres? les rois de France. Le trait de cette fin de phrase est admirable. Un écrivain ordinaire aurait écrit : C'est là que les rois de France venaient tour à tour s'engloutir; mais un de Chateaubriand sait autrement manier le pinceau; il dessine d'abord à larges traits; il répand sur le tout les couleurs voulues et naturelles; le tableau est fait; il parle aux yeux de tous; et il leur dit : Voyez.

Cette admiration outrée, ces éloges emphatiques à propos d'une phrase belle, mais qui n'a rien d'extraordinaire, ne seront jamais le langage d'un critique éclairé, d'un aristarque judicieux.

Ce qui nous reste à citer pourra servir de mo-

---

(1) *Un mot pris dans toute la force du terme*, c'est un mot pris dans toute la force du mot.

dèle de ce style boursoufflé, qui, d'après la définition de M. Landais, tient surtout à la tournure des phrases.

Grammaire, p. 604. — André Chénier, ce poète tout antique lorsqu'il a eu le temps de donner à son vers la perfection qu'il lui désirait, lorsqu'il a pu l'achever; *en un mot, André Chénier* a été accusé sur des pièces de vers presque toutes posthumes, et auxquelles il manque même des membres entiers de phrase, d'avoir usé d'enjambements sans un calcul d'harmonie. Ceux qui l'ont ainsi mis en accusation devant le public avaient sans doute à se justifier eux-mêmes de leurs écarts cent fois plus nombreux que les siens; *que le ridicule et le crime en pèse sur eux!* Ils ont cité en masse, sans choix, pêle-mêle; et ils ont oublié, *les jaloux!* qu'il y a un choix à faire dans les vers d'André Chénier.

Cette tournure de phrase est sans doute l'objet de prédilection de l'auteur, car nous la retrouvons dans ce même chapitre de la versification. A propos de *certains fabricateurs d'odes qui croient posséder l'admirable facture de Malherbe et de Jean-Baptiste Rousseau*, l'auteur s'écrie :

Ils ne réfléchissent pas, *les insensés!* que ces formes sont devenues triviales, tant la médiocrité en a abusé.

Et, quelques lignes plus bas, toujours sur le compte des mêmes personnages :

Ils ont accouplé des mots qui leur ont semblé doux et saisissants, des mots qu'ils avaient rencontrés dans M. de Lamartine ou dans M. Victor Hugo, et ils n'ont pas fait attention, *les aveugles-nés qu'ils sont*, que ces génies ont des formes à eux, et auxquelles aucune main sacrilége ne peut toucher, sans encourir la peine du ridicule, *dernier degré de la misère, en matière de littérature.*

Et un peu plus bas encore :

Ils crurent, en copiant l'épithète, avoir surpris le génie

de l'auteur ; *les maladroits !* ils n'avaient fait que le heurter.

DÉFAUT DE PRÉCISION.

M. Landais, dans son dictionnaire, définit la précision :

Une exactitude dans le discours telle qu'on ne dit rien de superflu.

Il aurait dû ajouter : Et qu'on s'exprime de manière à rendre toute sa pensée, et rien que sa pensée.

Obs. — Voici des phrases qui pèchent contre cette qualité, si nécessaire dans le discours :

Grammaire, p. 321. — Nous jugeons inutile de faire observer que la condition n'est pas toujours explicitement énoncée, mais elle est sous-entendue.

Il fallait : *Et qu'elle est quelquefois sous-entendue.*

Commentaires, p. 273. — Il est impossible d'admettre que nous ayons été jetés sur cette terre dans le but unique d'y vivre pendant quelques jours, pour tomber dans le néant de la mort.

Comme le but appartient ici à Dieu et non aux hommes, l'auteur devait dire : *Dans le but de nous y laisser vivre pendant quelques jours, pour nous précipiter dans le néant de la mort.*

Grammaire, p. 306. — Les pronoms indéfinis sont des mots dont la propriété est de désigner d'une manière indéterminée, et de n'avoir rapport qu'à un objet vague n'offrant à l'esprit aucune idée fixe et précise. *Tous ceux qu'on range dans cette classe ne sont pas de véritables pronoms* ; mais on en traite ici, etc.

Il fallait, pour plus de précision : *Ceux qu'on*

range dans cette classe ne sont pas tous de véritables pronoms.

Commentaires, p. XXIX. — L'auteur cite cet exemple : « La grammaire, que nous étudions, nous sera utile ; » puis il ajoute :

Dans cette proposition, la grammaire est le seul sujet grammatical de la proposition principale, et doit, comme tel, être seul assujéti aux lois de la syntaxe de chaque langue. La grammaire que nous étudions est le sujet logique, parce que c'est l'expression totale de l'idée unique de *laquelle on assure qu'elle sera utile.*

Est-ce l'idée, ou l'étude, qui nous sera utile ?

Commentaires, p. XXXIII. — Il y a aussi des adjectifs qui ont besoin d'un complément pour en déterminer la signification ; exemples : *Adapté aux circonstances, utile à sa patrie*, etc.

M. Landais ne dit pas là ce qu'il voulait dire ; *il y a des adjectifs qui ont besoin d'un complément pour en déterminer la signification* ferait naturellement entendre que ce sont les adjectifs qui déterminent la signification des compléments ; il fallait donc dire : *Il y a des adjectifs qui ont besoin d'un complément pour avoir une signification déterminée.*

Grammaire, p. 8. — Nous ne sommes pas de ceux qui repoussent opiniâtrément une sage et judicieuse réforme orthographique, mais nous voulons qu'elle soit toujours basée sur l'étymologie, *toutes les fois qu'il y a étymologie*, et, *dans le cas contraire*, sur le raisonnement et sur l'*usage général.*

La réforme de l'orthographe ne peut être basée sur l'étymologie que quand il y a étymologie ; la chose est évidente ; mais l'auteur pouvait se dispenser de nous le dire. — *Dans le cas contraire*, le cas où un mot n'a pas d'étymologie est-il le cas contraire à celui où il en a? — Enfin, qu'est-ce qu'*une réforme basée sur l'usage général?* Est-ce à dire qu'avant de réformer l'orthographe d'un mot il faut attendre que cette orthographe ait été adoptée par l'usage général?

Grammaire, p. 12. — Qu'est-ce que le mot blancheur? Ce mot n'existe réellement nulle part dans la nature.

Comment M. Landais en écrivant le mot blancheur peut-il nous dire que ce mot n'existe nulle part dans la nature? Nous devinons qu'il a voulu dire que le mot blancheur n'exprimait pas une substance, mais un accident, comme disent les philosophes. Mais ici, comme en bien d'autres endroits, il n'a pas dit ce qu'il voulait dire.

Gramm., p. 175. — Les noms propres d'ange, d'homme, de femme, de fausse divinité, etc.; de ville ou *autres habitations*, etc., doivent avoir une initiale majuscule.

De ville ou autres habitations. Une ville est-elle une habitation?

Comment., p. LII. — La périssologie est un mot purement grec, qui signifie langage superflu.

C'est *périssologie* qui est un mot, et non *la périssologie*, qui est une tournure de phrase. Il fallait dire: Le mot *périssologie* est purement grec, et signifie langage superflu.

Le commentateur commet la même faute presque à chaque définition de figure, en disant: *Le zeugme, mot grec, etc.; le pléonasme, mot grec, etc.; l'ellipse, mot grec, etc.; la métonymie, mot grec, etc., etc., etc.*

Comment., p. 111. — En parlant de son curé, Mlle Victorine d'A. nous dit:

Quand il est là, son air grave et doux tout à la fois

m'impose ; et le respect le plus profond ne me quitte pas jusqu'à ce qu'il ait pris congé de nous.

Pardon, Mademoiselle, mais vos paroles sembleraient nous faire entendre que vous ne respectez votre curé que quand il *est là ;* vous vouliez dire sans doute, au lieu du *respect le plus profond*, le maintien le plus respectueux, ce qui est bien différent.

PENSÉES FAUSSES.

Prospectus des Comm., p. 4. — Nous aurons comblé nos espérances si nous avons seulement réussi à appliquer les esprits à l'étude, à les appeler à la méditation, *qui est le fondement, l'unique base de tout bon jugement, de toute saine raison.*

On peut beaucoup étudier, méditer profondément, et porter des jugements faux, s'écarter de la saine raison. C'est ce que nous avons vu dans cet examen critique, et ce que nous verrons encore.

La même pensée se trouve reproduite p. vii des *Commentaires*, mais avec une risible emphase :

Disons-nous : Je ne sais rien ; j'ai besoin d'étudier. Etudions, et les hommes supérieurs surgiront et brilleront enfin ; leur domination formera la majorité nationale ; et le peuple qui sera gouverné nécessairement par de tels hommes grandira, grandira, à l'égal de l'illustration de ceux qui lui en auront donné les premiers l'exemple et les moyens.

Combien de gens qui sentent *le besoin d'étudier, qui étudient*, et qui cependant ne deviendront jamais des hommes *supérieurs*, et resteront toujours petits !

Mais voici qui est encore plus fort :

Grammaire, p. 204. — Il est bien certain que si nous

travaillions à une réforme sagement raisonnée de notre langue, nous en ferions bientôt la langue modèle ; et avant un siècle peut-être *le monde entier* ne parlerait plus que le français. Pourquoi et comment cela arriverait-il? Parce que notre langue serait la seule facile, étant devenue la *seule* basée sur des principes de raison et d'expérience.

Mais d'autres langues ne peuvent-elles devenir aussi *la langue modèle*, une langue *facile*, une langue *basée sur des principes de raison et d'expérience?* Ne peut-il surgir ailleurs des Napoléon Landais qui *travaillent à une réforme sagement raisonnée de leur langue?* Et, dans ce cas, comment pourra-t-il arriver que le *monde entier* adopte la langue française? Comment, d'ailleurs, peut-il venir à l'idée d'un homme que *dans un siècle* il se puisse faire que non seulement les Anglais, les Allemands, les Russes, etc.; mais les Lapons, les Iroquois, les Cochinchinois, les Hottentots, etc., parlent la langue que nous parlons, et puissent étudier le français dans la grammaire de M. Napoléon Landais?

Bien loin que l'étude et la méditation soient toujours *l'unique base de tout bon jugement et de toute bonne raison*, comme M. Landais nous le disait tout à l'heure, il y a des gens dont elles ne font qu'embrouiller le cerveau.

Commentaires, p. xi. — La nature a accordé à tous les hommes bien constitués la faculté de produire les sons élémentaires de la parole; mais pour produire des mots proprement dits il faut connaître et avoir étudié les usages de la langue dont on veut se servir, ce qui ne peut s'acquérir que de *la part* de ceux qui s'y appliquent avec une ardeur opiniâtre.

Cette pensée n'est pas seulement exprimée d'une manière bizarre et incorrecte, elle pèche encore contre la justesse, car l'enfant, le villageois, une foule de gens produisent des mots proprement dits sans avoir étudié les usages de leur langue, sans s'y être appliqués avec une ardeur opiniâtre.

Comment., p. 165. — A propos de cette phrase de Lantier :

« Thomas Morus était environné de gloire et de bonheur. »

La gloire la plus resplendissante, une gloire presque royale, était son partage ; *sous le rapport du bonheur*, comment en aurait-il manqué, lui, le favori, le dispensateur de toutes les grâces de son roi ; lui si riche, si opulent même ; lui si bien servi *du côté de l'intérieur de sa famille* et des intérêts privés.

M. Landais trouve donc que c'est être bien *heureux que d'être le favori d'un roi, d'être riche et opulent !* Quelle morale ! Du reste, le commentateur ne nous semble même pas avoir compris la pensée de l'auteur qui voulait dire que son héros était environné de gloire par sa place, et de bonheur par ses relations de famille. Puis quel style que celui-ci : *Sous le rapport du bonheur comment en aurait-il manqué.... lui si bien servi du côté de l'intérieur de sa famille !*

M. de Lamennais a dit : « Qui s'aime plus que son frère n'est pas digne du Christ, mort pour ses frères. »

Et M. Landais, commentant ces paroles p. 237, dit, lui :

Et nous n'aimons pas nos frères si nous ne nous sentons pas disposés à mourir, comme J.-C., pour eux.

M. Landais pourrait-il nous dire pour combien de personnes il serait disposé à se faire crucifier ?

Nous terminerons cet article par la citation

d'une assertion qui nous semble un peu téméraire :

Comment., p. 156. — L'amour filial est le seul qui ne se refroidit, qui ne s'annihile jamais, pas même aux ouvertures de l'éternité redoutable.

Et l'amour conjugal, et l'amour paternel, et l'amour maternel? Sans doute M. Landais n'a ni femme ni enfants.

CACOPHONIE.

Rencontre de lettres et de syllabes qui se heurtent, ou répétition des mêmes lettres, des mêmes syllabes, qui frappent désagréablement l'oreille. Exemple de cacophonie :

Non, il n'est rien que sa vertu n'honore. (*Voltaire.*)
(*Diction. de M. Landais.*)

Obs. — Les entraves de la mesure peuvent excuser la cacophonie en vers, mais qu'est-ce qui l'excusera en prose ?

Comment., p. x. — Cet ouvrage est destiné à mettre tout le monde à même d'obtenir les merveilleux résultats que nous promettons; nous ne le livrons pas *à autre dessein à la publicité.*

Id., p. 4. — A propos de ces paroles de Paul à Virginie :

« Vous ne craignez pas de vous exposer aux dangers de la mer, de cette mer dont vous êtes si effrayée. »

Il cherche d'abord à intimider ce faible cœur de jeune fille. Vous ne craignez pas, lui dit-il. *Moi qui vous sai si craintive*, comment se fait-il que tout à coup vous n'ayez plus peur de la mer? Et il appuie sur ce mot de mer en le répétant.... C'est qu'il ne conçoit pas *qu'elle,*

5*

qui s'est montrée en sa présence si effrayée des dangers de la mer, puisse consentir aujourd'hui à les braver sans lui.

Sans faire ressortir l'incorrection que forment dans cette dernière phrase, ces mots *moi qui vous sais si craintive*, nous demanderons si ces mots *à autre dessein à la publicité*, et *qu'elle qui* ne sont pas aussi *cacophones* que le vers de Voltaire.

DÉFAUT DE CLARTÉ.

Comment., p. xxvii. — La proposition incidente explicative sert à développer la compréhension de l'idée exprimée par le mot auquel elle est liée, afin d'en faire *sortir, pour ou contre la* proposition principale, ou une preuve, ou un motif.

Pourquoi ne pas nous dire comme tout le monde, au lieu de cette tournure amphigourique, que la proposition incidente explicative est celle qui est ajoutée à toute autre proposition, pour expliquer le terme dont elle complète le sens, pour y joindre quelques développements qui ne sont pas nécessaires ?

Id., p. xxxviii. — Littéralement qui dit analyse dit résolution ou développement d'un tout dans ses parties. Il *ne* peut donc y avoir *qu'une seule manière* nécessaire pour former un sens avec les mots.

Voilà encore une de ces nombreuses phrases où M. Landais emploie *ne... que* signifiant seulement avec *seul*; ce qui, comme nous l'avons fait remarquer ailleurs, forme un pléonasme vicieux; mais le principal vice de cette phrase consiste en ce que le mot *manière* s'y trouvant sans complément, on ne sait trop quel en est le sens.

Id., p. 236. — M. Landais veut commenter ces paroles de M. de Lamennais :

« Il est écrit du fils de Marie : Comme il avait aimé les siens qui étaient dans le monde, il les aima jusqu'à la fin. »

Autant il avait aimé les siens, ses frères qui vivaient avec lui sur cette terre d'exil qu'on appelle le monde, autant il continua de les aimer jusqu'à mourir pour eux.

A quoi sert un pareil commentaire ? si ce n'est à rendre incorrect ce qui ne l'était pas, et obscur ce qui était très-clair ?

Cette réflexion s'applique avec autant de justesse à la phrase suivante, où notre infatigable commentateur embrouille une autre citation du même auteur :

« L'amour est inépuisable; il vit et renaît de lui-même; et plus il s'épanche, plus il surabonde, » dit M. de Lamennais.

Et M. Landais dit, lui :

A l'exemple de l'oiseau fabuleux, le phénix, l'amour vit et redouble sa vie lui-même; l'amour se nourrit et de l'amour qu'il donne et de l'amour qu'il reçoit.

Comment., p. 262. — Dieu qui voit tout ce qui vous convient, qui seul peut apprécier la situation respective de chacun, sait donner à chacun l'impulsion nécessaire à son bonheur.

En vérité, n'est-ce pas de ces phrases dont on peut dire : On cherche ce qu'il veut dire après qu'il a parlé ?

HYPERBOLE OUTRÉE.

A la page LXIV de ses *Commentaires*, M. Landais blâme l'abus de cette figure :

Qui, *dit-il*, est la figure favorite de toutes les personnes qui ont plus d'imagination que de jugement, plus de sensibilité que de raison, et qui, n'appréciant pas les objets avec justesse, avec précision, n'imaginent jamais qu'on puisse dire trop ou trop peu.

Obs. — Aux exemples d'hyperboles vicieuses qu'il cite nous pourrons ajouter ceux-ci :

Comment., p. v. — Tout le monde pense, presque tout le monde écrit; il n'y a guère que ceux qui ne savent pas tracer le caractère des lettres qui se dispensent forcément de la seconde obligation.

Quelque prodigieux que soit le nombre de ceux qui font des livres, on trouvera sans doute l'exagération de M. Landais un peu forte. On ne comprend pas trop même pourquoi M. Landais nous dit que ceux qui ne savent pas *tracer des lettres* sont dispensés *forcément* de se faire imprimer; ne peuvent-ils pas se servir de secrétaires?

Gramm., p. 605. — En parlant de l'hyatus :

La versification française l'admet encore moins que la prose, et c'est avec raison; car il produit partout le plus *déplorable* effet.

Déplorable ! Que de larmes sans doute les hyatus si multipliés de certains poètes modernes auront fait verser à M. Landais !

EXPRESSIONS IMPROPRES.

Comment., p. 208. — Tel doit être du moins le *résultat* que vous tous, princes qui m'écoutez, devez *retirer* de cette haute instruction.

Le *résultat* est ce qui résulte de soi-même; on ne le retire pas.

Comment., p. 213. — On nous permettra de laisser parler à notre place S. Em. M.gr le cardinal Maury, dont nous extrayons l'*avis* sur le zélé missionnaire qui va nous servir actuellement de modèle.

On donne son *avis* sur un point débattu; mais un auteur ne donne pas son *avis* sur un orateur; il expose son sentiment.

Id., p. 224 et 225. — Ni votre orgueil ni votre dédain ne m'empêcheront de vous dire toutes vos vérités; je n'excepte *personne de quiconque* m'écoute.

Personne de quiconque ! N'est-ce pas là de ces mots dont on a dit qu'ils *hurlent* de se trouver ensemble ?

Id., p. 77. — Si ce sermon n'a pas persuadé, il n'en contient pas moins de bonnes vérités bien *spécieuses* et bien sensées, qui doivent toujours porter leur fruit dans les cœurs bien disposés.

Voici comment le dictionnaire de M. Landais définit le mot *spécieux* :

Spécieux, qui a une apparence de vérité et de justice : prétexte spécieux, raisons spécieuses.

D'après cela, nous demandons si c'était là l'épithète que devait employer l'auteur dans la phrase qu'on vient de dire ? Si ces vérités sont *bonnes* et *bien sensées*, elles ne sont pas seulement *spécieuses*.

Id., p. 220. — Il n'est qu'un missionnaire, qu'un pauvre missionnaire, qui craint de ne pas *trouver assez d'influence en lui-même* pour ne pas oser espérer que sa parole portera des fruits. Il sait que tous ces gens qui l'*environnent* sont accoutumés au bel esprit, et même à l'éloquence du génie; car qui ne l'a pas *précédé* dans cette chaire, *en fait* de personnages fameux et illustres ?

Précéder en fait de personnages, et surtout trouver de l'influence en soi-même, est-ce là de la propriété, de la justesse dans l'expression?.... Environnent! peut-on dire que le prédicateur est *environné* de ses auditeurs?

Grammaire, p. 303. — Aujourd'hui l'on évite, autant qu'il est possible, toutes les constructions où *lequel* entrerait en sujet ou en régime direct. On ne s'en sert plus *également* pour éviter deux *qui* de suite.

Il fallait : *De même on ne s'en sert plus*, etc.

MOTS MAL PLACÉS.

Ceux qui connaissent l'art d'écrire savent quelle importance on doit attacher à bien placer ses mots dans les phrases, et combien un terme mis à sa place peut contribuer à la clarté ou à l'énergie de l'expression ; tandis que mis là où il ne devrait pas être il peut singulièrement nuire à l'une ou à l'autre. Nous allons voir comment M. Landais a tenu compte de cette règle, non moins essentielle que le choix des mots propres.

Grammaire, p. 187. — Le tréma consiste en deux points disposés horizontalement que l'on met sur les seules voyelles *e*, *i*, *u*, pour indiquer que ces lettres doivent être prononcées séparément de la voyelle qui les précède immédiatement, et avec laquelle sans le tréma elles feraient *ou* une diphtongue ou formeraient le signe composé d'une voix simple.

La conjonction *ou* se trouve ici mal placée. Il fallait dire : *Sans le tréma ou elles feraient une diphtongue ou elles formeraient*, etc.

Dans les trois phrases suivantes, c'est le complément indirect qui se trouve mal placé :

Grammaire, p. 316. — Pour ne point embarrasser les

esprits, nous ne changerons rien à la marche suivie par la généralité des grammairiens, *dans nos tableaux de conjugaison.*

Ces derniers mots auraient été mieux placés ou avant *nous* ou après *rien.*

Comment., p. 14. — Eh bien! dit-il (*Paul à Virginie*), puisque tu veux vivre aujourd'hui autrement que tu n'as vécu jusqu'alors; puisque tu es décidée à abandonner notre pays, ce pays qui nous a cependant *vu naître, pour des contrées étrangères....* laisse-moi t'accompagner.

M. Landais devait écrire *vus naître;* c'est une faute toute semblable à une autre que nous avons déjà fait remarquer ailleurs. — Ces mots *pour des contrées étrangères* auraient dû être placés après le verbe *abandonner.*

Comment., p. 229. — Il (*Bridaine*) avait, il est vrai, l'habitude, *dans l'unique intention de produire tout l'effet qu'il avait le droit d'attendre de ses prédications,* de ne monter en chaire qu'à l'entrée de la nuit.

La place naturelle de ces mots *dans l'unique intention*, etc., était au commencement de la phrase.

Dans les deux phrases qui nous restent à citer ce sont, à leur tour, des adverbes qui se trouvent là où ils ne devraient pas être :

Comment., p. 66. — Vous avez cependant *non seulement* la permission de courir la campagne et tous les environs, à plus de dix lieues à la ronde; mais encore on vous sollicite à ces excursions.

Non seulement devait être placé devant *vous avez*, auquel il se rapporte, et non devant *permission*, auquel il ne se rapporte pas.

Comment., p. 126. — On se plaint souvent du mariage, *d'abord* parce qu'on l'avait envisagé d'un air trop prévenu, et en second lieu nous le traitons trop légèrement en le chargeant de nos torts et de nos caprices.

Ici encore, *d'abord* devait être placé en tête du premier membre, comme *en second lieu*, auquel il correspond, se trouve en tête du second.

PÉRIODE FATIGANTE.

M. Landais nous donne dans ses *Commentaires et Etudes Littéraires* quelques lettres d'une prétendue correspondance entre deux amies, et nous les propose comme un modèle à étudier. Voici un échantillon de ce style épistolaire ; c'est Mlle Victorine qui parle :

Comment., p. 117. — Je ne saurais me faire à me coucher à des trois et quatre heures du matin, horriblement fatiguée et harassée par les plus pénibles, les plus ridicules amusements ; je ne saurais me condamner à ne me montrer jamais que superbement parée et le front couronné d'une chevelure frisée et pommadée dès le réveil ; je ne saurais me résoudre à ne pouvoir sortir qu'en *attelage d'équipage* de première classe, et toujours guindée et parée comme une vieille fille qui n'a plus de charmes et qui s'en fait plaquer de factices ; je ne saurais habituer mes yeux à sourire à des visages continuellement renouvelés ; je ne saurais entendre perpétuellement dans la conversation les mêmes *banalités*, le même langage de fatuité ou de médisance ; je ne concevrai jamais qu'on se trouve heureux lorsqu'il n'est, pour ainsi dire, pas possible de dîner une seule fois en tête à tête avec son mari ; enfin, il ne m'entrera jamais dans l'esprit qu'on puisse passer les deux tiers de l'année au milieu du bruyant tapage d'une capitale, dont la *mugissante* population est non seulement insupportable mais effrayante.

A qui M. Landais persuadera-t-il que cette période si longue et si lourde, cette répétition sans grâce de *je ne saurais*, ce retour du même tour en sept membres de phrase, soient *du beau style qu'il faille s'approprier et comparer à celui de Virginie écrivant à sa mère* (paroles de M. Landais)? Est-ce dans Mme de Sévigné que Mlle Victorine a trouvé le modèle de ce style épistolaire?

Au sujet du mot *banalité*, nous demanderons à M. Landais pourquoi, dans son dictionnaire, il ne lui donne que la signification suivante:

Banalité, terme de féodalité, droit qu'avait le seigneur de fief d'assujétir ses vassaux à cuire à son four, à moudre à son moulin.

PHRASES DE COMÉDIE.

Comment., p. xxv. — Une proposition composée par le sujet et par l'attribut peut se décomposer en autant de propositions, ayant chacune le même attribut composé, qu'il y a d'idées partielles dans le sujet composé. Chacune de ces propositions élémentaires peut se décomposer en autant de propositions simples qu'il y a d'idées partielles dans l'attribut composé; de manière que chacune des idées partielles de l'attribut composé, pouvant être comparée avec chacune des idées partielles du sujet composé, et chacune de ces comparaisons donnant une proposition simple, on a un nombre de propositions simples égal au nombre des idées partielles du sujet composé, multiplié par le nombre des idées partielles de l'attribut composé.

Les lecteurs ne trouveront-ils pas que ce style retrace parfaitement ces phrases de comédie où la répétition des mots et l'air scientifique concourent à produire l'effet le plus burlesque?

Grammaire, p. 116. — Il est certain que la loi générale qui condamne l'hyatus comme vicieux entre deux mots a un autre fondement que la prévention. La continuité du bâillement qu'exige l'hyatus met l'organe de la parole dans une contrainte réelle, et fatigue les poumons de celui qui parle, parce qu'il est obligé de fournir de suite et sans interruption une plus grande quantité d'air; au lieu que, lorsque des articulations interrompent la succession des voix, elles procurent nécessairement aux poumons de petits repos qui facilitent l'opération de cet organe. Car la plupart des articulations ne donnent l'explosion aux sons qu'elles modifient qu'en interceptant l'air qui en est la matière; cette interception doit donc diminuer le travail de l'expiration, puisqu'elle en suspend le cours, et qu'elle doit même occasionner vers les poumons un reflux d'air proportionné à la force qui en arrête l'émission.

Après cette démonstration anatomique et chirurgicale, si propre à rappeler certaines scènes de Molière, ne serait-on pas tenté de croire qu'il suffit de prononcer quelques hyatus pour devenir phthisique et pulmonique? C'est plutôt une série de phrases comme les trois qu'on vient de lire qui serait capable de produire cet effet.

COMMENTAIRES BIZARRES.

Comment., p. 35. — Sur cette phrase de Chateaubriand au sujet des tombeaux de Saint-Denis :

« En présence des âges, dont les flots écoulés semblent gronder encore dans ces profondeurs, les esprits sont abattus par le poids des pensées qui les oppressent. »

Les esprits sont abattus, *sont mis à bas*, comme on jette les murailles d'une maison qu'on veut démolir, et ce qui les renverse, ce qui les terrasse de la sorte, c'est le poids, le lourd fardeau des pensées qui les oppressent, de ces idées si graves, si profondes, qu'elles *serrent leur poitrine* et obstruent même le passage de la respiration.

Des esprits mis à bas, abattus comme des murailles, des esprits dont la poitrine est serrée!

Comment., p. 41. — Sur cette autre phrase du

même auteur, toujours au sujet des caveaux de Saint-Denis :

« Si tout-à-coup, jetant à l'écart le drap mortuaire qui les couvre, ces monarques allaient se dresser dans leurs sépulcres, et fixer sur nous leurs regards à la lueur de cette lampe. »

Si tout-à-coup, à l'improviste, au moment où l'on y penserait le moins, *jetant à l'écart*, *tout-à-coup* entraîne avec lui l'expression de jeter, lancer avec la main ; *à l'écart*, au loin ; quoi ? *le drap mortuaire qui les couvre*, c'est-à-dire qu'on suppose encore les couvrir, en poursuivant et en acceptant toujours l'image de leur réveil subit et inattendu, comme vraie et possible; *ces monarques allaient se dresser dans leurs sépulcres;* se lever, se tenir droit, comme des êtres vivants; tout debout, *et fixer sur nous leurs regards;* non pas seulement nous regarder, mais nous regarder d'un œil fixe, scrutateur, qui s'arrête sur nous *à la lueur de cette lampe....* à cette pâle lumière, à cette faible clarté que répand ordinairement une lampe de sépulcre.

De bonne foi que nous apprend ce commentaire, sinon que *tout-à-coup* veut dire *à l'improviste, au moment où l'on y pense le moins....* que *se dresser* (quand on est couché) veut dire *se lever, se tenir droit, tout debout....* que *fixer les regards*, ce n'est pas seulement regarder, mais regarder d'un œil fixe.... que la lueur d'une lampe sépulcrale est ordinairement *une pâle lumière, une faible clarté?*

Mais voici quelque chose qui passe tout ce que nous venons de dire :

Un peu plus bas, page 45, après avoir cité cette troisième phrase de Chateaubriand, parlant aux cadavres de Saint-Denis :

« Vos yeux se referment, et vous vous recouchez lentement dans vos cercueils. »

Vous rentrez dans la mort, *nous dit le commentateur*, et lentement dans la crainte sans doute de vous briser si vous agissiez précipitamment.

Même page, en commentant cette autre phrase, toujours du même passage :

« Ah ! si nous avions interrogé ces morts champêtres, dont naguère nous visitions les cendres, ils auraient percé le gazon de leurs tombeaux. »

Ils auraient percé le gazon de leurs tombeaux : non seulement ils auraient accepté l'offre, mais ils se seraient empressés si fort de l'accepter que, se précipitant, ils auraient percé la terre, *fait un trou à leur gazon*, pour arriver plus vite à ce renouvellement de vie.

Combien le ridicule est voisin du sublime !

Comment., p. 81. — Faisons notre profit *des gloires*, des vices mêmes de ceux qui nous ont devancés dans la vie. Que les grandeurs auxquelles ils ont été *exhaussés* servent de modèle aux grandeurs qu'il nous est permis d'ambitionner.... Que leur héroïsme et leur probité nous rendent par l'exemple vertueux, *méritants*, honnêtes.

Des gloires.... être exhaussé à des grandeurs.... des grandeurs qui servent de modèle à des grandeurs.... rendre quelqu'un méritant.... Quel style, M. Landais !

Comment., p. 82. — Sur ces paroles d'une jeune fille de seize ans :

« Je maigris d'ennui, et ma figure s'en ressent. »

Seize printemps ne forment pas encore votre âge, et vous dépérissez ; vous allez devenir *longue*, sèche et décharnée ; voyez l'effet d'un mortel ennui ! Ce qu'il y a de plus désolant, c'est de penser que cette jolie petite figure, cette délicieuse *mine à miroir*, va devenir, *comme le reste*, longue, sèche, pâle et décharnée ! Oh ! horreur !

Une personne qui devient longue.... une délicieuse

mine à miroir.... le joli, le délicieux français! Le bel effet surtout que font ces mots : *Comme le reste!*

Comment., p. 164 et 165. — A propos de cette phrase de Lantier, parlant de Thomas Morus :

« Il avait une femme, des enfants, qu'il aimait tendrement. »

Aimer tendrement, ce n'est pas aimer un peu, seulement à la légère: *aimer tendrement*, c'est aimer avec toute l'affection de l'amour du cœur le plus tendre.

Il faut décidément avoir la manie du commentaire pour se croire obligé à nous dire que *aimer tendrement, ce n'est pas aimer un peu*, etc.

Comment., p. 175. — Quand on dit d'une personne qu'elle est baignée de larmes, on fait entendre, par hyperbole, que les larmes tombent en si grande abondance de ses yeux qu'on pourrait se baigner dedans, y être entièrement plongé.

Id., p. 22. — Sur ces paroles de Chateaubriand :

« Les étrangers venaient en foule visiter les merveilles de Saint-Denis. »

Ils y venaient sans doute, et le plus souvent dans un but de vaine curiosité; car Saint-Denis renfermait de véritables merveilles ; et c'était pour explorer des merveilles qu'ils y venaient en foule, en grand nombre.

UN COMMENTAIRE, *d'après la définition du dictionnaire de M. Landais*, est une suite d'éclaircissements, d'observations et de remarques sur un livre pour en faciliter l'intelligence.

D'après cela faut-il appeler commentaire cette série d'observations bizarres, ridicules, insignifiantes, que nous venons de lire, et qui ne contribuent en rien à l'intelligence de ce qui est très-clair par soi-même ?

COMMENTAIRES SANS JUSTESSE.

Comment., p. 38. — Sur cette phrase :

« Ecoutez le sourd travail du ver du sépulcre, qui semble filer, dans ces cercueils, les indestructibles réseaux de la mort. »

Voilà, *dit M. Landais*, une pensée *cadavéreuse*, s'il en fut une.

Puis il commente longuement ces expressions ; il nous fait remarquer que *sourd* n'a pas, dans cette phrase, le sens de *qui n'entend pas ;* il admire cette figure *qui semble filer les indestructibles réseaux de la mort.*

Le ver, *nous dit-il*, ne façonne pas des fils, comme le fait l'araignée ; mais il trace comme des fils sur le cadavre auquel il s'est attaché, et les filières qu'il a pratiquées sur ce corps mort ressemblent à des réseaux, à de petites mailles.

Au lieu de ce commentaire dégoûtant, que ne nous faisait-on la critique de cette figure de Chateaubriand, qui, nous ne craindrons pas de le dire malgré toute notre admiration pour ce grand écrivain, ne nous paraît ni naturelle ni juste ?

Comment., p. 219. — Sur ces paroles du P. Bridaine :

« A la vue d'un auditoire si nouveau pour moi, il semble, mes frères, que je ne devrais ouvrir la bouche que pour vous demander grâce. »

M. Landais, qui a cité dans le morceau entier *il*

semble aussi bien que dans la phrase qui précède son commentaire, lit *il me semble* dans son commentaire même, et lui donne le sens de *mon avis est, je crois ce que je vous dis*, et prétend que:

L'orateur a grandement raison de leur dire que sa pensée est qu'il ne devrait ouvrir la bouche en leur présence que pour leur demander grâce, comme un coupable, comme un criminel implore le pardon d'une faute.

Le P. Bridaine n'a point dit *il me semble*, mais *il semble*, ce qui est fort différent, et ce qui prouve qu'il y a quelquefois légèreté et précipitation dans M. Landais, qui d'ailleurs ne nous semble pas avoir compris la pensée du missionnaire.

Comment., p. 221. — Sur cette autre phrase du même prédicateur:

« Si je me sens humilié, gardez-vous de croire que je m'abaisse aux misérables inquiétudes de la vanité. »

Ne croyez pas que c'est par vanité, par orgueil que je me suis humilié devant vous; cette vanité ne convient qu'aux profanes, qui ne vous tiennent cet humble langage que pour retirer plus de gloire; mon esprit n'est nullement troublé d'aussi *misérables* inquiétudes; il a presque dit *méprisables*.

Il nous semble qu'en disant *méprisables* au lieu de *misérables*, le missionnaire n'eût fait qu'affaiblir l'énergie de son expression.

Comment., p. 25. — Sur cette phrase de Chateaubriand:

« La ville de Henri IV et de Louis-le-Grand était assise dans le voisinage. »

Nous les avons déjà nommées; ces villes sont Versailles et Paris. Le verbe *asseoir*, s'il est question des fondements d'un édifice, signifie: reposer sur quelque chose de ferme; c'est dans ce sens qu'on dit : L'assiette d'une ville, d'une maison, d'une poutre; c'est la situation d'un corps solide placé sur un autre.

Le verbe *asseoir*, quand il s'entend des personnes, ne signifie-t-il pas aussi *reposer sur quelque chose de ferme*? N'est-ce pas aussi *la situation d'un corps solide placé sur un autre*? A quoi peuvent être utiles de pareils commentaires? Il y avait une autre observation plus utile à faire sur cette phrase, c'était de faire remarquer l'incorrection qui s'y trouve. Puisque l'auteur nous parle de deux villes, ne devait-il pas dire : *La ville de Henri IV et celle de Louis-le-Grand étaient assises dans le voisinage*. La phrase, telle qu'elle est, semble ne désigner qu'une ville (1).

PHRASES SINGULIÈRES.

Grammaire, p. 367. — La conjonction *avant que* ne veut plus être suivie que du subjonctif : *Cela arrivera avant qu'il soit peu ;* encore est-ce peu français.

Qu'est-ce qui est peu français? Ce n'est pas sans doute d'employer le subjonctif après *avant que;* c'est donc l'exemple de M. Landais; pourquoi n'en choisissait-il pas un autre?

Grammaire, p. 459. — Nous donnerons à la fin de cet article la liste des adjectifs qui régissent ou qui ne régissent pas de préposition.

Ces mots *de préposition* peuvent-ils servir de régime à *régissent* et à *ne régissent pas*?

---

(1) Nous avions d'abord eu la pensée de placer ici un autre article intitulé *Commentaires inutiles;* nous y avons renoncé, car nous nous sommes aperçu qu'il nous aurait fallu transcrire presque tout le volume de M. Landais.

Commentaires, p. XLV. — Pour que les ellipses soient bonnes, voici la règle que donne Dumarsais.

Dumarsais a-t-il donné sa règle pour que les ellipses soient bonnes? Avant la règle de Dumarsais n'y avait-il point de bonne ellipse, et s'il ne l'avait jamais donnée, cette figure n'eût-elle jamais été bonne?

Comment., p. 261. — Rien de plus naturel que d'aimer qui nous aime d'un amour *de bon et franc aloi*.

Nous concevons qu'on puisse dire avec M. Landais, dans son dictionnaire, *de l'or de bon aloi, une drogue de mauvais aloi, des marchandises de mauvais aloi....* mais un amour de bon et franc aloi!

Comment., p. 290. — En parlant de Millevoye qui vient d'expirer :

Il ne reste plus rien de lui, rien que le désespoir de son épouse infortunée.

Le désespoir de la femme de Millevoye faisait-il partie de lui-même?

Grammaire, p. 186. — Quand on a adopté une orthographe, *quelle qu'elle soit*, il faut la suivre scrupuleusement et sans variété.

Mais, M. Landais, avec cette maxime, il n'est pas d'orthographe de cuisinière qu'on ne puisse justifier.

PLAISANTERIES FADES.

Comment., p. 100. — Parce qu'une jeune demoiselle a dit deux fois, en deux lettres, que la solitude d'un château gothique lui paraît effrayante, M. Landais nous fait ces plaisanteries, qui pourront donner une idée du talent de notre commentateur pour le style badin :

Enfin, vous ne changez pas de *gamme*, vous ne savez qu'une *chanson*, dont le refrain perpétuel, *refrain de quatre-vingt-dix-neuf couplets pour le moins*, est toujours que la solitude d'un château, même gothique, est effrayante. Quelle étrange *marotte* est la vôtre!... Notre avis est, à l'encontre du vôtre, que la vie aisée et tranquille de vos châteaux devrait être fort attrayante pour vous, et même pour toute autre demoiselle, même de Paris, fût-elle encore cent fois plus *richissime*, plus *nobilissime*, que vous ne l'êtes vous-même.

M. Landais aime beaucoup cette terminaison, à ce qu'il paraît; il dit ailleurs :

Notre *excellentissime* et très-vénérable pasteur.

Nous lui demandons pardon, si ses ISSIME nous ont fait revenir à la mémoire ceux de don Quichotte et de Sancho.

EXEMPLES DÉFECTUEUX.

Si M. Landais pèche souvent dans la rédaction de ses règles, il n'est pas non plus toujours très-heureux dans le choix de ses exemples :

Gramm., p. 307. — Après nous avoir dit qu'*on doit répéter* ON *avant tous les verbes auxquels il sert de sujet.*

Ce qui, pour le dire en passant, n'est pas exact, car on peut dire : On l'a loué et blâmé, on nous a menacés et caressés, etc.; il cite pour exemple cette phrase :

On le loue, on le blâme, on le menace, on le caresse; mais, *quoiqu*'on fasse, on ne peut en venir à bout.

Phrase qui n'offre aucun sens et contient de plus une grossière faute d'orthographe; il fallait écrire *quoi que* en deux mots.

Grammaire, p. 313. — On dit aussi qui que ce fût, quoi que ce fût, si la phrase exige l'emploi de l'imparfait. Qui que ce fût qui lui parlât, il ne répondait rien ; *quoi que ce fût qu'il fît*, il était distrait.

Cette dernière phrase nous paraît tant soit peu baroque ; pourquoi ne pas dire : *Quoi qu'il fît*, ou *quelque chose qu'il fît*, il était distrait.

Gramm., p. 494. — A l'appui d'une de ses règles, M. Napoléon Landais cite ce vers :

Le trident de Neptune est le *maître* du monde.

Il aurait fallu citer le vers de Lemierre tel qu'il est, et mettre *le sceptre*, et non pas *le maître*. Il s'en faut bien que la substitution soit indifférente.

DÉFINITIONS FAUSSES.

Grammaire, p. 324. — On appelle verbes passifs ceux dont l'action retombe sur le sujet, comme *je suis aimé, il est brûlé, nous sommes battus*.

Cette définition ne vaut rien, car elle convient aussi bien aux verbes pronominaux ; quand je dis : *Il se promène, vous vous flattez, nous nous nuisons ;* l'action qu'exprime le verbe retombe sur le sujet.

Grammaire, p. 600. — La rime masculine est celle dans laquelle l'*e* muet ne se trouve pas être la dernière ou la pénultième lettre.

S'il fallait s'en tenir à cette définition, les mots *s'ouvrent, découvrent*, cités par l'auteur comme exemples de rimes muettes formeraient une rime masculine, car l'*e* muet ne se trouve être ni la dernière ni la pénultième lettre.

A propos de la rime, l'auteur nous avertit à la même page que *monde* ne rime pas avec *de-*

mande, ni *louange* avec *mensonge*, ni *fidèle* avec *scandale*. Dans un autre endroit, l'auteur nous prévient qu'il n'écrit pas pour des écoliers ; pour qui écrit-il donc lorsqu'il se croit obligé à de pareilles observations ?

Commentaires, p. XLII. — M. Landais cite comme exemple d'inversion une phrase dont voici le commencement :

> La valeur n'est qu'une chose aveugle et impétueuse, qui se trouble et se précipite si elle n'est éclairée et conduite par la probité et par la prudence ; et le capitaine n'est pas accompli s'il ne renferme en soi l'homme éclairé et l'homme sage.

M. Landais ajoute :

> Dans ces deux phrases les inversions sont peu sensibles, et néanmoins la conjonction *si*, avec ce qu'elle amène est une véritable inversion, puisque, selon l'ordre ordinaire, elle devrait être à la tête de ces phrases.

L'auteur, après nous avoir longuement expliqué ce que c'est que l'ordre analytique, tombe ici dans une grave erreur en confondant cet ordre avec l'ordre ordinaire ; l'ordre ordinaire demande peut-être que *si* soit placé au commencement des phrases, mais suivant l'ordre analytique il doit être, comme ici, entre les deux membres de phrase dont il exprime la liaison. Bien loin donc qu'il y ait inversion *dans ces deux phrases*, ce serait dans un arrangement contraire que se rencontrerait l'inversion.

INCORRECTIONS DIVERSES.

PREMIÈRE INCORRECTION. — *Comment.*, p. XIII. — Si nous considérons dans le mot blanc la sensation qu'il exprime.... nous nous arrêtons à cette unique perception, l'isolant de ce qui l'accompagne, et nous nous en faisons une idée à part, l'idée de la blancheur, que nous reconnaîtrons dans tous les objets *sur lesquels* elle sera excitée.

L'idée de la blancheur ne peut être excitée *sur des objets*, mais par des objets.

Deux. incorr. — *Comment.*, p. xxxiii. — Les verbes n'ont guères de sens complet que par un complément et quelquefois *de* plusieurs compléments existants ou sous-entendus.

Que signifie ici la préposition *de?* c'est la préposition *par* que l'auteur voulait employer sans doute.

Trois. incorr. — *Grammaire*, p. 306. — Ce sentiment est le plus conforme aux vrais principes de la langue, *et est appliqué sur des raisonnements* auxquels il est difficile de répondre.

Appliquer un sentiment sur des raisonnements! Quel langage pour un grammairien, dont le style doit être tout à la fois un précepte et un modèle.

Quat. incorr. — *Grammaire*, p. 364. — Les prépositions sont des mots qui servent à exprimer ou à désigner les différents rapports que les choses ont *les unes aux autres*.

Il fallait *les unes avec les autres*; on ne peut dire qu'*une chose a du rapport à une autre*.

Cinq. incorr. — *Comment.*, p. lxv. — Si l'on ne parlait qu'en plaisantant.... les exagérations seraient alors supportables; car on les excuse volontiers, quelque outrées qu'elles soient, *à* un auteur que l'on voit s'en amuser lui-même, et ne les donner que pour ce qu'elles sont.

On dit bien *pardonner quelque chose à quelqu'un*, mais non pas *excuser quelque chose à quelqu'un*; c'était *dans un auteur* que M. Landais devait dire.

Six. incor. — *Comment.*, p. 5. — Sur ces paroles de Paul à Virginie :

« Vous nous quittez pour une parente éloignée, que vous n'avez jamais vue. »

Je consentirais, a l'air de dire Paul, que vous obéissiez à vos parents, à votre devoir; mais me persuaderez-vous qu'il n'est pas inconcevable et absurde de votre part de nous abandonner, nous qui vous aimons tant, et avec qui vous avez toujours vécu.

L'indulgence des lecteurs pourra peut-être passer à M. Landais de dire : *Il est absurde de votre part de nous abandonner*; mais qui lui passera de dire : *Il est inconcevable de votre part de nous abandonner?*

Sept. incor. — *Comment.*, page 158. — Puisque nous avons tant fait que d'entreprendre cette tâche, il s'agit pour nous de *la pousser à bout*.

Nous trouvons bien dans le dictionnaire de M. Landais que *pousser quelqu'un à bout*, c'est *le choquer, le fatiguer au dernier point*; mais nous n'y avons point vu que l'on pût dire *pousser une chose à bout* pour dire la terminer.

Huit. incor. — *Comment.*, p. 195. — Sur ces paroles de Bossuet :

« Celui qui règne dans les cieux, de qui relèvent tous les empires, à qui seul appartient la gloire, etc. »

Toute glorification vient de Dieu et revient de droit à Dieu seul; il en est de même de la véritable majesté, de la réelle indépendance, dont lui seul jouit uniquement et exclusivement à tout *autre* être créé.

Que veut dire ici le mot *autre?* Dieu est-il donc aussi, suivant M. Landais, un être créé?

PHRASES A DOUBLE INCORRECTION.

Comment., p. xiv. — *D'autres mots ayant eu un usage*

très-fréquent, et concernant des objets qui touchent aux mœurs, à l'honnêté, à la décence et à la pudeur, ont acquis, par leur emploi même, une force d'expression et une clarté qui *déplaît* toujours en pareil cas; de là les mots grossiers.

Des mots n'ont pas *un usage très-fréquent*, mais ils sont *d'un usage très-fréquent*. — *Une force d'expression et une clarté qui déplaît*; il fallait *qui déplaisent*. Ou bien si M. Landais veut exprimer la même idée par ces deux termes, il ne devait pas les unir par la conjonction *et*; il devait dire : *Une force d'expression, une clarté qui déplaît toujours*.

Comment., p. XVIII. — Il y a sens déterminé toutes les fois que dans une phrase on trouve un sujet qui y est parfaitement *dénommé*. Exemple : La bonne compagnie est une école qui instruit mieux que le collége.

Cette expression *dénommé* offre matière à double critique. C'est d'abord, d'après M. Landais lui-même dans son dictionnaire, un terme de pratique qui ne devrait pas se trouver dans une définition de grammaire; puis elle n'est pas juste; car dans le sens indéterminé même, le sujet peut être parfaitement *dénommé*; telles sont ces phrases : *L'homme* est un être doué de raison; *l'ambitieux* n'a jamais de repos.

Comment., p. XVIII. — Le sens allégorique est celui *dont* les termes pris à la lettre signifient *tout* autre chose que ce qu'on veut leur faire signifier.

Dont signifiant *duquel*, cette phrase revient à celle-ci : Les termes du sens allégorique signifient tout autre chose, etc. Qu'est-ce que *les termes d'un sens*?

En second lieu, nous ferons remarquer à M. Landais que *tout* étant ici adjectif, il fallait écrire *toute autre chose*, et non pas *tout autre chose*.

Comment., p. 21. — Que sommes-nous, en général, nous qui composons la masse plébéienne, si nous nous comparons *aux illustrations*, *aux gloires* de ceux qu'on appelait les très-hauts, les très-puissants du pays? Sans doute un homme vaut un autre homme, surtout lorsqu'il a mis le pied dans la tombe; mais quel homme vulgaire oserait se dire l'égal de certains héros, de certains véritables grands, dont toute la vie *n'a été*, aux yeux de tous et pour tous, *qu'une adoration*, qu'un triomphe continuel.

1° *Le mot* GLOIRE, dit M. Landais dans son dictionnaire, *ne s'emploie pas au pluriel*. Ne peut-on pas en dire autant du mot *illustrations* dans l'acception où il est pris ici? Du reste, on ne peut pas dire *se comparer à la gloire de quelqu'un*, mais *se comparer à quelqu'un*.

2° Dire de quelqu'un que *sa vie n'a été qu'une adoration continuelle*, c'est dire qu'il n'a fait qu'adorer toute sa vie, ce qui est précisément le contraire de ce que veut dire l'auteur.

Comment., p. 112 et 113. — Je ne pense pas que votre cœur soit atteint de l'ennui ; je crois que vous êtes aussi heureuse, aussi à *envier* que moi; car vous ne devez pas encore penser à la triste liberté que *promet* trop rarement le mariage.

A envier serait avantageusement remplacé par *digne d'envie*, et *promet* par *donne*.

Comment., p. 153. — L'aimable enfant sait combien sa mère aime la France, et en particulier les lieux qui l'ont *vu* naître, et *en* lui *envoyant* des fleurs et des graines des productions de France, il était bien difficile que le nom de Normandie ne fût pas prononcé, malgré elle, au moins une fois dans sa lettre.

Le participe *vu* devait s'écrire *vue*, ayant pour complément direct le pronom *la*.

Le gérondif *en envoyant* ne se rapportant pas au sujet de la proposition, M. Landais viole encore ici la règle qu'il nous a donnée dans sa grammaire.

Comment., p. 164. — A propos de cette première phrase du récit de la mort de Thomas Morus par Lantier :

« Thomas Morus jouissait de la faveur du roi Henri VIII ; il occupait une des premières places de l'état. »

L'auteur nous dit dans son commentaire :

Pour bien faire ressortir toute la péripétie du drame que nous venons de lire, il était *donc* nécessaire que l'auteur nous *initiât* à la position brillante dont jouissait Thomas Morus.

La conjonction conclusive *donc* nous paraît faire une battologie avec cette proposition *pour bien faire ressortir toute la péripétie, etc.*

Le verbe *initiât* nous paraît mal choisi. On initie à un secret, à quelque chose de peu connu, mais on n'initie pas à un fait aussi connu que celui dont il s'agit ici.

Comment., p. 196. — Les calamités semblent tomber de plus haut à mesure qu'elles s'acharnent sur de plus puissants. Il *n'y a que* Dieu *seul* qui soit à *l'abri de leurs pernicieux attouchements*.

Ne.... que signifiant *seulement* et *seul* forment un

pléonasme vicieux, que nous avons déjà fait remarquer ailleurs.

Les pernicieux attouchements des calamités ne nous semblent une métaphore ni juste ni naturelle.

―――――

Comment., p. 197. — Les princes et les rois sont établis, il est vrai, les maîtres et les arbitres du monde *créé* ; mais dans quel but ? Dieu ne leur a pas confié *induement* sa puissance, c'est pour qu'ils en usent ; ils en ont le droit ; seulement ils doivent régler toutes leurs actions sur celles de Dieu lui-même.

A quoi sert là le mot *créé* ? les rois pouvaient-ils être établis les maîtres d'un monde non créé ?

Induement est écrit *indûment* dans le dictionnaire de M. Landais.

C'est un terme de pratique, *nous dit-il*, qui signifie d'une manière indue ; et indue veut dire hors de saison, qui est à contre-temps.

L'expression ne nous paraît donc ici ni juste ni convenable.

―――――

Comment., p. 204. — Cet océan *s'étonne*, demeure *stupéfait*, est dans l'*admiration* de voir une malheureuse jeune femme affronter les *vagues de ses flots mugissants*.

S'étonner, demeurer stupéfait, être dans l'admiration, synonymie inutile, de mauvais goût même, car la gradation n'y est pas même observée, *être dans l'admiration* étant moins énergique que *demeurer stupéfait*, qui, par conséquent, devrait être le dernier membre d'énumération.

Les vagues des flots. Ouvrons le dictionnaire de

M. Landais. Au mot *vague*, nous trouvons pour définition :

Flot, lame de mer qui s'élève au-dessus du niveau ; *et au mot* Flot, onde, vague.

Qu'on nous dise maintenant ce que c'est que *les vagues des flots*.

Grammaire, p. 195. — Les voyelles, quelles qu'elles soient, ne peuvent jamais *articuler*; c'est plutôt une règle qu'une exception de dire que jamais un son nasal ne doit *articuler* une voyelle qui suit.

Cherchons le mot *articuler* dans le *Dictionnaire des Dictionnaires* de M. Napoléon Landais ; nous lisons :

Articuler, v. act., prononcer lentement et distinctement.

Si *articuler* veut dire *prononcer*, on ne peut dire ni que *les voyelles n'articulent pas*, ni qu'*un son ne doit pas articuler une voyelle*.

Comment., p. LVII. — Après nous avoir parlé des *mille* manières dont Horace exprime cette pensée *que nous devons tous mourir*, M. Landais nous dit :

Malherbe, le vieux Malherbe, a rajeuni et peut-être embelli l'une de ces expressions d'Horace de la manière suivante.

Malherbe, le vieux Malherbe, emphase déplacée.
Le vieux Malherbe a rajeuni, antithèse puérile et de mauvais goût.

PHRASES A TRIPLE INCORRECTION.

Comment., p. 9. — Dans le monde ceux qui se montreront *le* plus agréables à vos yeux sont *ceux-là* qui vous porteront *en arrière* le moins d'intérêt réel, le moins d'amitié vraie.

Le plus. Il fallait *les plus*, car il y a comparaison, ce que M. Landais appelle *superlatif relatif*.

Ceux-là qui, etc. N'est-ce pas là une de ces expressions que M. Landais nomme *vieillerie plus que surannée?*

En arrière. C'était *par derrière* qu'il fallait dire.

Comment., p. 41. — L'imagination, lorsqu'elle est vivement frappée, s'élance toujours impétueusement dans le champ des plus vastes perceptions.... Ces perceptions ne sont souvent que des suppositions surnaturelles, que la considération de certaines choses excite en nous, et nous fait animer ce qui ne saurait *l'être, parler, raisonner, et agir, ce qui n'est susceptible* ni de parole, ni de raisonnement, ni d'action.

1° On ne peut pas dire *la considération de certaines choses nous fait animer ce qui ne saurait l'être;* le pronom *le* ne se rapportant à aucun mot exprimé, il aurait fallu dire : *Ce qui ne saurait être animé.*

2° On peut bien dire *faire parler, faire agir quelqu'un*, mais on ne peut pas dire : *Cette considération nous fait parler quelqu'un, nous fait agir quelqu'un*, etc.

3° On ne peut dire d'une chose qu'elle n'est pas *susceptible de raisonnement, de parole, d'action.* Susceptible, du latin *suscipere*, veut dire *qui peut recevoir;* c'était *capable* qu'il fallait.

Comment., p. 178. — La stupidité nous mène à l'*hébétation*; nous devenons incapables de raisonnement, *le défaut* de mémoire, d'imagination et de jugement, nous *atteint*, et nous nous trouvons privés, au moins momentanément, de l'usage de la raison. Tel est l'effet du désespoir *éprouvé par une grande catastrophe*.

Hébétation ne se trouve pas dans le dictionnaire de M. Landais.

Un défaut, un manque *de mémoire n'atteint pas*.

Un désespoir éprouvé par une grande catastrophe. Ce n'est pas la catastrophe qui éprouve le désespoir; c'était *par suite d'une grande catastrophe* qu'il fallait dire.

Comment., p. 200 et 201. — Il s'agit de la reine d'Angleterre :

Cette âme magnanime qui animait un si beau corps vous allez la voir exposée aux outrages, à tout ce qu'il y a de plus atroce de la part de la fortune, *de la part du plus funeste sort* qui soit réservé à la plus basse des créatures.... La prospérité sembla d'abord vouloir *coïncider* avec toutes les éclatantes facultés dont cette femme avait été douée si surabondamment.... Mais bientôt des *changements* inouis, que nous appellerons révolutions politiques, vont *pleuvoir* tout à l'entour de son trône.

Une âme exposée à tout ce qu'il y a de plus atroce de la part du plus funeste sort, etc. — La prospérité qui coïncide avec des facultés. — Des changements qui pleuvent.... Voilà du français qu'on ose rapprocher du style de Bossuet!

Comment., p. 220 et 221. — L'orateur parfait sait toucher toutes les cordes; pour les faire vibrer juste, il doit avoir préparé à l'avance tous les *moyens de l'instrument* qu'il a dans les mains; et c'est d'abord en faisant acte d'humilité et de crainte *à l'endroit* de son propre talent ; *puis ensuite* en cherchant à s'attacher ses auditeurs par une flatterie délicate et modeste qu'il s'assure le but qu'il a l'intention d'atteindre.

Les moyens d'un instrument ne nous paraît pas correct.

A l'endroit de son talent. Cette expression gauloise est décidément une des expressions favorites de notre auteur.

Puis ensuite est une périssologie qu'on ne peut guère excuser dans un grammairien, auteur d'un *Dictionnaire des Dictionnaires* et d'une *Grammaire des Grammaires*.

PHRASE A QUATRE INCORRECTIONS.

Comment., p. 199. — Ce n'est pas seulement un cadavre de femme qui repose dans ce cercueil (*il s'agit de Henriette d'Angleterre*); c'est une femme qui a été reine, et grande reine ; c'est une *créature* qui, avant d'être reine, a été tout à la fois et fille de roi, et épouse de roi, et mère de roi ; non pas encore seulement de ces rois ordinaires et *insignifiants*, mais de rois dont on *vante la préexcellence et la gloire par dessus la préexcellence et la gloire de tous les autres rois*.... Eh bien ! c'est cette auguste princesse qui est appelée par ses vertus à vous servir de *modèle et d'exemple*. Qu'elle soit donc réellement pour vous *un modèle d'imitation*.

Comment M. Landais a-t-il été assez *osé* (en nous servant de ses propres expressions) pour commenter en pareil style l'admirable style de Bossuet ! C'était donc pour lui servir d'ombre.

Créature et insignifiants, mots inconvenants.

Vanter la préexcellence de quelqu'un par dessus la préexcellence des autres, tour qui n'est pas français.

Servir de modèle et d'exemple, pléonasme vicieux.

Modèle d'imitation, battologie.

PASSAGE A SEPT INCORRECTIONS.

Comment., p. 159. — Après avoir cité la lettre de Virginie à sa mère, M. Landais ajoute :

Une grande lacune se rencontre ici dans le livre de *Paul et Virginie*. L'auteur aurait *peut-être* dû nous donner les deux réponses de Madame de la Tour et de Paul à Virginie. Quelques personnes nous conseillaient de les risquer tant bien que mal ; mais il faudrait être bien osé pour toucher ainsi témérairement à l'arche sainte. *Nous y aurions bien certainement trouvé la mort ;* et, comme on le pense bien, nous n'avons pas eu le courage de l'affronter. Que d'autres plus habiles que nous entreprennent de lutter avec Bernardin de Saint-Pierre ; quant à nous, nous avouons franchement notre *infirmité*, disons plus, notre incapacité, *à cet endroit*. Toutefois nous encouragerons nos disciples à essayer de jeter sur le papier quelques lignes de ces réponses, qui sont toutes renfermées dans l'appendice que nous *n'*avons donnée ici *qu'*à cette *seule* intention. Le cœur et le savoir *des pères et mères, des instituteurs et institutrices*, suffisent pour guider les enfants dans cette voie qui leur est toute tracée par la main du plus *parfait* modèle pour tous, Bernardin de Saint-Pierre.

Peut-être. La lacune existe donc peut-être aussi.

La mort. Qu'entend par là l'auteur ? La perte de sa réputation d'habile écrivain ? Nous doutons qu'il puisse la perdre.

Infirmité. Nous ne croyons pas que ce soit ici le mot convenable ; c'était *faiblesse*.

A cet endroit. Nous avons déjà plusieurs fois signalé cette expression gauloise.

Ne.... que signifiant *seulement* forme avec *seule* ce pléonasme vicieux que M. Landais dit quelque part avoir trouvé dans un petit écrit.

Des père et mère, des instituteurs et institutrices.

Nous avons fait remarquer ailleurs que M. Landais défend en tout cas l'omission de l'article.

Du plus parfait modèle. Des puristes pourraient faire observer, avec Domergue, que le *plus* et le *moins* ne peuvent convenir à ces adjectifs qui expriment une qualité portée à un suprême degré, comme *parfait, excellent, extrême*, etc.

OBSERVATIONS CRITIQUES

SUR

LA GRAMMAIRE DE NOEL ET CHAPSAL.

CHAPITRE PREMIER.

DE L'ORTHOGRAPHE.

OBSERVATION. — Presque toutes les observations que font à ce sujet MM. Noël et Chapsal dans les huit premières pages de leur chapitre onzième nous semblent plus propres à embrouiller qu'à éclairer les élèves. Les exceptions à leurs règles sont presque aussi nombreuses que les applications. Il y a trois choses qui peuvent diminuer les difficultés de l'orthographe d'usage : l'analogie, la dérivation et l'étymologie, et qui peuvent donner lieu à plusieurs remarques utiles qu'un maître attentif trouvera une fréquente occasion de faire à ses élèves.

DES MOTS TERMINÉS PAR *ant* ET PAR *ent*.

Les substantifs terminés par *ant* et par *ent* conservent ou perdent le *t* au pluriel. (N. et CH.)

OBS. — On commence à revenir de cette suppression bizarre que l'usage avait autorisée seulement dans les polysyllabes. L'Académie, dans la dernière édition de son dictionnaire, conserve toujours le *t* dans ces sortes de mots. *Tout* est le seul mot où l'on doive supprimer le *t* au pluriel, sans doute parce que l'on est souvent obligé de faire sonner l'*s*.

ORTHOGRAPHE DES NOMS PROPRES.

On ne doit pas dénaturer l'orthographe des noms propres, excepté quand ils sont employés comme noms communs. (N. *et* Ch.)

Obs. — Cependant on écrit les *Pharaons*, les *Ptolémées*, les deux *Amériques*, les *Scipions*, les *Césars*, le czar, empereur de toutes les *Russies*, les *Gracques*, les *Horaces* et les *Curiaces*, etc., et non pas seulement les Bourbons, les Condés, les Guises, les Stuarts, qu'on trouve seulement dans la dernière édition de MM. Noël et Chapsal.

Il faut donc mettre un *s* au pluriel des noms propres, quand ils désignent une famille, une dynastie, ou plusieurs pays, etc.

SUBSTANTIFS COMPOSÉS.

Obs. — Au lieu des cinq règles et leurs exceptions, que donnent MM. Noël et Chapsal, il n'en fallait qu'une : Les mots qui forment le substantif composé s'écrivent au singulier ou au pluriel suivant que leur nature ou le sens dans lequel ils sont employés exigent l'un ou l'autre nombre. Il suffit de se faire une question et d'y répondre par les mots mêmes qui composent le substantif; la réponse indique l'orthographe. Ainsi l'on trouvera que des *terre-pleins* sont des *lieux* pleins de *terre*; que des *tête-à-tête* sont des entretiens où *une tête* est près d'*une autre*; que des *Hôtels-Dieu* sont des *hôtels* consacrés à *Dieu*; qu'un *bec-figues* est un oiseau qui avec son *bec* pique les *figues*; qu'un essuie-mains est un linge qui *essuie* les *mains*, etc.

DES MAJUSCULES.

Lorsque les noms de peuple et de secte n'embrassent pas la totalité, la majuscule cesse d'avoir lieu: *un français*, *un anabaptiste*, *des anglais*. (N. *et* Ch.)

Obs. — L'Académie prescrit dans ce cas, avec plus de raison, une lettre majuscule. C'est lorsque les noms propres sont employés comme adjectifs qu'ils ne prennent pas la majuscule. Ex.: L'armée *française*, le peuple *romain*, etc.

MM. Noël et Chapsal n'ont rien dit sur l'adjectif formé des noms propres, non plus que sur l'adjectif formant un substantif propre composé, comme la Mer-*Baltique*, la Mer-*Noire*, la Mer-*Caspienne*, etc.

CHAPITRE II.

DE LA PRONONCIATION.

PRONONCIATION DU *c*.

C a le son de *g* dans second, *secrétaire*, (N. *et* Ch.)

Obs. — Nous croyons qu'on prononce *secrétaire* comme on l'écrit, et comme se prononcent *secret*, *secrétion*, etc.

s ENTRE DEUX VOYELLES.

Entre deux voyelles *s* se prononce comme *z*, excepté dans *désuétude*, *pusillanime*. (N. *et* Ch.)

OBS. — Nous ne croyons pas que l'usage soit ici en faveur de MM. Noël et Chapsal pour la prononciation de ce dernier mot, et qu'on dit plus communément puzillanime et puzillanimité.

PRONONCIATION DE L's FINAL.

On prononce *Jésus* et *Jésu*-Christ. (N. et Ch.)

OBS. — La prononciation n'est-elle pas la même dans les deux cas ?

PRONONCIATION DE L'u.

U se fait entendre dans aiguiser, aiguillon, *sanguinaire*. (N. et Ch.)

OBS. — La prononciation est-elle la même dans ces trois mots ? Ne prononce-t-on pas *sanguinaire* comme *sanguin* et *sanguine* ?

CHAPITRE III.

DU SUBSTANTIF.

DÉFINITION DU NOM PROPRE.

Le substantif propre, ou nom propre, ne convient qu'à une seule personne ou à une seule chose, comme *Alexandre*, *Virgile*, *Paris*, *Vienne*. (N. et Ch.)

OBS. — Les noms de baptême, comme *Alexandre*, et les noms de famille ne conviennent-ils qu'à une personne ? (*qu'à une seule personne* forme un pléonasme vicieux.)

Le nom *propre* est celui qui est donné à une personne ou à une chose pour la distinguer de toute autre personne ou de toute autre chose.

SUBSTANTIF PRIS ADJECTIVEMENT.

Un substantif pris adjectivement n'est accompagné ni de l'article ni d'aucun adjectif déterminatif. L'adjectif pris substantivement est toujours précédé de l'article ou d'un adjectif déterminatif. (N. *et* Ch.)

Obs. — Ces deux assertions ne sont vraies ni l'une ni l'autre.

Quand on dit : Il était *votre* esclave, et il est devenu *votre* maître, les mots *esclave* et *maître* sont pris adjectivement quoique précédés de l'adjectif déterminatif. Cette observation nous semble importante à cause de la règle qui concerne le pronom *le*, et dont il est question dans la syntaxe.

Au contraire, dans cette phrase : *Hypocrites*, votre masque tombera, *hypocrites* est pris substantivement quoique non précédé de l'article ni d'un adjectif déterminatif.

PLURIEL DE *œil*.

Obs. — Nous voyons bien une raison pour qu'on dise des *œils* de bœuf en désignant certaines petites lucarnes, et des *œils* de perdrix en parlant de certaines broderies. L'emploi du mot *yeux* dans ces deux cas pourrait quelquefois donner lieu à une équivoque. Mais quelle raison oblige à dire les *œils* du fromage et les *œils* de la soupe, comme l'enseignent MM. Noël et Chapsal? Le mot *œil* doit-il être dénaturé par cela seul qu'il est pris au figuré? Aussi l'Académie dit-elle : Les *yeux* de la soupe, les *yeux* du fromage.

DU SUBSTANTIF *ancêtre.*

Au nombre des substantifs qui n'ont pas de pluriel, MM. Noël et Chapsal citent *ancêtre*.

Obs. — Chateaubriand et plusieurs autres auteurs ont employé ce mot au singulier.

DU SUBSTANTIF *ail.*

Ail, espèce d'oignon, fait *aulx*. (N. *et* Ch.)

Obs. — L'Académie enseigne que l'on dit aussi au pluriel des *ails*, qui nous paraît préférable à *aulx*; mais n'est-il pas mieux d'éviter d'employer ce mot au pluriel ?

DU SUBSTANTIF *gens.*

Gens veut au féminin *tous* les *correspondants* qui précèdent. (N. *et* Ch.)

Obs. — Il faudra donc dire : *Elles* sont bien *malheureuses* les gens qui ne savent se faire violence en rien.

Comme c'est évidemment la seule euphonie qui a exigé qu'on dise de *bonnes* gens, de *vieilles* gens, et non pas de *bons* gens, de *vieux* gens, ce changement du masculin en féminin ne doit avoir lieu que dans les cas analogues à ces deux-ci. On écrira donc *quels* gens, et non pas *quelles* gens ; les *meilleurs* gens, et non pas les *meilleures* gens ; de même qu'on dit *tous* les gens, et non pas *toutes* les gens.

DU SUBSTANTIF *exemple.*

Exemple est féminin lorsqu'il représente un modèle d'écriture. (N. *et* Ch.)

OBS. — Et sur quoi ceci est-il fondé ? L'étymologie et l'analogie ne s'accordent-elles pas à proscrire cette bizarrerie, et à défendre de dire : O *la* belle exemple! Aussi MM. Noël et Chapsal ont-ils retranché de leur dernière édition cette règle, qu'ils nous enseignent dans toutes les autres.

CHAPITRE IV.

DE L'ARTICLE.

FONCTION DE L'ARTICLE.

La fonction de l'article est de précéder les substantifs *communs* pour *annoncer* qu'ils sont pris dans un sens déterminé. (N. *et* CH.)

OBS. — L'article précède aussi certains substantifs propres, tels que les noms de royaumes, de provinces : *la* France, *la* Normandie, *le* Berry, etc.

L'article *détermine* souvent par lui-même la signification du substantif, comme dans ces trois phrases citées, au même endroit, par MM. Noël et Chapsal :

Les hommes ne sont pas méchants.
Les enfants sont légers.
*L'*homme devrait s'attacher à régler ses passions.

L'élève, en analysant l'article, doit avoir soin de distinguer ce cas. C'est cette raison qui a engagé plusieurs grammairiens distingués, entre autres M. Boniface, à ranger l'article parmi les adjectifs déterminatifs.

Par là se trouve condamné ce que disent MM. Noël et Chapsal, à l'article de l'adjectif déterminatif, touchant la différence entre ces deux mots, *qui consiste*, disent-ils, *en ce que l'article se borne à indiquer que le substantif commun est pris dans un sens déterminé, au lieu que l'adjectif déterminatif le détermine par lui-même.* Au moins cette différence n'existe pas dans les cas nombreux où l'article détermine par lui-même le sens du substantif.

RÉPÉTITION DE L'*article*.

On répète l'article et les adjectifs déterminatifs avant deux adjectifs unis par et lorsqu'ils ne qualifient pas le même *substantif*. (N. *et* Ch.)

Obs. — C'est le même *objet* que MM. Noël et Chapsal ont voulu dire. Ce n'est pas la même chose.

Voici deux phrases correctes, quoique cette règle y soit violée :

« Il n'y a point de production maritime sur laquelle les naturalistes, *anciens et modernes*, aient tant écrit que sur le corail. » (*Nougaret.*)

« Les femmes seules peuvent imiter tous les chants des oiseaux, *mâles et femelles.* » (*Bernardin de Saint-Pierre.*)

C'est comme s'il y avait dans la première phrase : *Soit anciens, soit modernes ;* et dans la seconde, *soit mâles, soit femelles.*

On peut donc se dispenser de répéter l'article et les adjectifs déterminatifs devant deux adjectifs unis par *et*, qui ne qualifient pas le même objet lorsque ces deux adjectifs sont placés après le substantif, surtout lorsqu'ils expriment une énumération complète.

EMPLOI DE L'ARTICLE AVEC *le plus, le moins, le mieux.*

Le plus, le moins, le mieux sont *toujours* invariables

lorsqu'ils se rapportent à un adverbe. (N. et Ch.)

Obs. — Voltaire ne s'est-il pas exprimé correctement quand il a dit :

« Les Chaldéens me paraissent être la nation *la* plus anciennement policée. »

Doit-on dire en parlant d'une page d'écriture : Voilà *le* plus correctement écrite ; ou en parlant d'une édition d'un livre : Celle-ci a été *le* plus scrupuleusement corrigée.

On doit donc faire varier *le plus*, *le moins*, *le mieux*, même lorsqu'ils se rapportent à un adverbe, pourvu que cet adverbe soit suivi d'un qualificatif et qu'il y ait comparaison.

EMPLOI DE L'ARTICLE AVEC LES COLLECTIFS.

On n'emploie pas l'article devant le régime d'un *collectif*, excepté lorsque le substantif commun est déterminé par ce qui suit. (N. et Ch.)

Obs. — Cependant on dit : La multitude *des* hommes, le grand nombre *des étoiles*.

MM. Noël et Chapsal auraient dû borner leur observation au collectif que l'on nomme *partitif*.

DE L'ARTICLE AVEC UN VERBE NÉGATIF.

On n'emploie pas l'article devant le régime d'un verbe actif accompagné d'une négation, excepté quand le substantif est suivi d'un adjectif. (N. et Ch.)

Obs. — Cependant, nonobstant cette exception, on peut dire : Nous n'avons *pas* rencontré *d'*animaux féroces ; nous n'avons *pas* vu *d'*enfants indociles dans cette maison.

Et Bourdaloue a pu dire :

« Jamais ce qui s'appelle vie de plaisir n'a produit une vertu, n'a inspiré *de* sentiments nobles. »

Au contraire ne peut-on employer l'article même quand il n'y a pas d'adjectif, et Voltaire n'a-t-il pu dire :

« De toutes les églises grecques, la *Russie* est la seule qui *ne* voie *pas des* synagogues à côté de ses temples. »

Et Le Sage, en parlant d'un magistrat :

« Aussi *n*'envoie-t-il *jamais des* innocents dans les prisons; il n'y fait mettre que des coupables. »

Et Montesquieu :

« Que si l'on *n*'a *pas du* respect pour les vieillards, on n'en aura pas non plus pour les pères. »

DE L'OMISSION DE L'ARTICLE DEVANT UN ADJECTIF.

On supprime l'article, c'est-à-dire on emploie simplement *de* quand le substantif pris dans un sens partitif est précédé d'un adjectif : Donnez-moi *de* bon pain; je bois *d*'excellente bière; il possède *de* belles maisons. (N. *et* Ch.)

Obs. — Ne peut-on pas dire avec Domergue : Voilà de *la* bonne philosophie ; voici de *la* vraie poésie ; il prend *du* bon temps.

Et avec Buffon :

« Comme la peau de l'âne est très-dure et très-élastique, on en fait *du* gros parchemin. »

On dira avec une égale correction, mais dans un sens différent :

Il a bu *de* bon vin et il a bu *du* bon vin.

La seconde phrase fait entendre qu'il y avait deux sortes de vin, et que c'est *du* bon qu'il a bu.

Sans que ce sens se trouvât dans la phrase, on pourrait même dire pour fixer davantage l'attention sur le mot vin : J'ai bu *du* bon vin aujourd'hui.

CHAPITRE V.

DE L'ADJECTIF QUALIFICATIF.

DISTINCTION DE TROIS DEGRÉS DE QUALIFICATION DANS LES ADJECTIFS.

Obs. — Cette distinction nous paraît entièrement superflue. Aussi MM. Noël et Chapsal l'ont-ils enfin retranchée de leur dernière édition.

Il serait, ce nous semble, plus utile de faire observer aux élèves que nous avons plusieurs adjectifs qui, exprimant par eux-mêmes une comparaison ou la qualité portée à un haut degré, ne peuvent être précédés d'aucun de ces adverbes qui en augmentent la force. Tels sont : *Moindre, meilleur, pire, inférieur, supérieur, égal, excellent, exquis, superbe, sublime, immense, impossible,* etc. Plusieurs grammairiens blâment même cette expression *plus* parfait, *moins* parfait, car, disent-ils, la perfection n'admet pas de degrés.

DU RAPPORT DE L'ADJECTIF.

Tout qualificatif doit toujours se rapporter à un mot exprimé dans la même phrase. Ainsi l'on ne dira pas : *Jaloux* des droits de sa couronne, son unique ambition était de la transmettre à ses successeurs.

Endormi sur le trône au sein de la mollesse,
Le poids de sa couronne accablait sa faiblesse. (N. *et* Ch.)

Obs. — Il n'est pas vrai que tout qualificatif doive se rapporter toujours à un mot énoncé dans la phrase. Il suffit que le rapport de ce qualificatif soit clair et facile à saisir. Les deux phrases que citent les grammairiens ne sont pas fautives. Elles renferment une tournure elliptique élégante plutôt qu'incorrecte.

Du reste, nos auteurs ont reconnu leur erreur dans la dernière édition.

ADJECTIF VERBAL.

L'adjectif verbal est terminé par *ant* comme le participe présent. (N. *et* Ch.)

Obs. — Il faut en excepter quatorze ou quinze, qu'il eût été bon de faire connaître. Tels sont : Différ*ent*, néglig*ent*, adhér*ent*, présid*ent*, excell*ent*, etc. ; tels sont encore extravag*ant*, fatig*ant*, vac*ant*, etc., qui, quoique dérivés de verbes, ne s'écrivent pas comme les participes présents.

CHAPITRE VI.

DE L'ADJECTIF DÉTERMINATIF.

DE L'ADJECTIF DÉTERMINATIF *un*.

Noël et Chapsal mettent le mot *un* au nombre des adjectifs numéraux cardinaux.

Obs. — Il peut quelquefois en faire partie. Mais ce mot est le plus souvent un adjectif déterminatif indéfini. Quand on dit : L'adjectif est *un* mot qui exprime la qualité; écoutez *un* bon mot; je vais vous raconter *une* histoire. Ces mots *un*, *une*, n'expriment pas le nombre ; ils équivalent à *quelque*.

ADJECTIFS POSSESSIFS REMPLACÉS PAR L'ARTICLE.

Les adjectifs possessifs doivent être remplacés par l'article quand le sens indique clairement quel est l'objet possesseur. (N. et Ch.)

Obs. — On peut violer cette règle pour donner de l'énergie à l'expression.

Pascal a pu dire : « Baissez *vos* yeux vers la terre, chétifs vers que vous êtes. »

Fénélon : « Les Naïades levèrent *leurs* têtes au-dessus des roseaux pour écouter ses chansons. »

L'abbé Girard : « La plupart des hommes ont *leur* âme peinte dans *leur* physionomie. »

ADJECTIF POSSESSIF AVEC DES UNITÉS COLLECTIVES.

Les adjectifs possessifs *notre*, *votre*, *leur*, se mettent au pluriel lorsqu'ils se rapportent à plusieurs unités prises collectivement ; ainsi on écrira avec un pluriel : Tous les maris étaient au bal avec *leurs femmes*, etc. (N. et Ch.)

Obs. — Cette règle nous paraît exprimée d'une manière trop absolue, c'est le sens de la phrase qu'il faut consulter ; il aurait fallu se contenter de dire qu'en général on préfère le singulier au pluriel. Voici des phrases qui n'admettent pas ce dernier nombre :

Leur fureur était au comble.

Leur air, *leur* démarche, tout les trahissait.

Ils gagnent *leur* pain à la sueur de leurs fronts.

Notre vie est en sûreté, mais *notre* liberté est compromise.

Du reste, pourquoi ne nous parler que du cas où le substantif est précédé de l'adjectif possessif. N'y a-t-il pas mille autres cas où la difficulté est la même, et où, comme dans celui-ci, le sens et la décomposition peuvent seuls guider ?

ADJECTIF POSSESSIF REMPLACÉ PAR *en*.

Lorsqu'il s'agit de CHOSES, *son*, *sa*, *ses*, *leur*, *leurs*, ne peuvent être employés qu'autant que le mot possesseur, substantif ou pronom, est exprimé dans la même proposition comme sujet. On ne dirait pas : Ces langues sont riches; j'admire leurs beautés. On remplace les adjectifs possessifs par l'article et le pronom *en*. (N. et CH.)

OBS. — Sans examiner la singulière contexture de cette règle, il suffira de remarquer que l'euphonie, l'énergie, la clarté même, font souvent préférer ces adjectifs au pronom *en*.

« Grâce aux périls dénués de gloire, aux neiges constantes que réservent aux voyageurs ces pics de la Norwége, *leurs* sublimes beautés sont restées vierges. » (*De Balzac.*)

« La patience est amère, mais *son* fruit est doux. » (*J.-J. Rousseau.*)

« Combien ceux qui ont cru anéantir le christianisme en allumant des bûchers ont méconnu *son* esprit. » (*Chateaubriand.*)

« Les mémoires de Torcy sont écrits plus purement que tous ceux de ses prédécesseurs; mais *leur* plus grand prix est dans la sincérité de l'auteur. » (*Voltaire.*)

Ce serait certainement pécher contre le goût que de condamner dans ces phrases l'emploi de l'adjectif possessif.

D'un autre côté, on emploie quelquefois le pronom *en* à la place des adjectifs possessifs, même en parlant des personnes :

« Il a la colère et les pleurs d'Achille, il pourrait bien *en* avoir le courage. » (*Fénélon.*)

« Si la religion était l'ouvrage de l'homme, elle *en* serait le chef-d'œuvre. » (*Bossuet.*)

AUCUN ET NUL.

Aucun et *nul* excluent toute idée de pluralité. (N. et Ch.)

Obs. — Est-il vrai que *nul* et *aucun* ne se mettent au pluriel que quand le substantif auquel ils sont joints *n'a pas de singulier ou a un autre sens au singulier*?

J.-J. Rousseau : « *Nulles* autres mains que celles de sa famille n'ont fait les apprêts de sa table. »

Montesquieu : « Quelques empereurs romains eurent la fureur de juger : *nuls* règnes n'étonnèrent plus par leurs injustices. »

L'abbé de Boismont : « *Nuls* témoins, *nuls* spectateurs, rien ne le soutient (le curé de campagne). »

Nous demandons si ces auteurs pouvaient, eu égard à leur idée, employer le singulier. C'est donc encore ici le sens et la décomposition de la phrase qu'il faut consulter.

MÊME.

Même est adjectif quand il est placé après un seul substantif.... *Même* est adverbe quand il est placé après deux ou plusieurs substantifs. (N. et Ch.)

Obs. — *Même* n'est-il adverbe qu'après *deux* ou *plusieurs* substantifs? Ne peut-il l'être après un seul?

Dans cette phrase citée par nos auteurs :

« Les animaux, les plantes *même* étaient au nombre des divinités égyptiennes. »

Même est considéré comme adverbe parce qu'il est précédé de deux substantifs. Si l'on disait, en supprimant le premier substantif : Les plantes *même* étaient au nombre des divinités égyptiennes, le sens ne serait-il pas absolument le même ; et *même* ne pourrait-il pas, comme dans la première phrase, être considéré comme adverbe ?

Il nous semble qu'au lieu de citer Wailly, on aurait dû d'abord examiner si la règle de Wailly n'est pas contraire au bon sens.

On peut donc considérer *même* comme adverbe toutes les fois qu'il est employé dans le sens de *aussi* ou de *bien plus*, qu'il soit ou non précédé de plusieurs substantifs.

« Je sais que la mort a quelque chose de terrible pour les âmes *même* les plus justes. » (*Massillon.*)

« Le vent était si violent qu'on ne pouvait entendre les paroles *même* qu'on se disait en criant à l'oreille à tue-tête. » (*Bernardin de Saint-Pierre.*)

QUELQUE.

Lorsque *quelque* est placé devant un adjectif suivi d'un substantif, c'est le substantif qui fait la loi, et *quelque*, devenant alors adjectif, s'accorde avec le substantif. (N. *et* Ch.)

Obs. — On doit écrire *quelque* invariable dans les phrases suivantes :

Quelque bons grammairiens qu'ils soient, etc.

Quelque méchants écrivains qu'ils paraissent, etc.

La raison en est que *quelque* se rapporte à l'adjectif et non au substantif. La règle de MM. Noël et Chapsal est donc incorrecte.

CHAPITRE VII.

DU PRONOM.

MM. Noël et Chapsal nous avaient toujours dit :

Les pronoms, ayant toujours par eux-mêmes une signification déterminée, ne doivent pas représenter un substantif pris dans un sens indéterminé, c'est-à-dire employé sans article ou sans aucun adjectif déterminatif.

OBS. — Ils ont reconnu leur erreur dans leur dernière édition. Mais à la première règle ils en ont substitué une autre qui ne nous paraît pas beaucoup plus exacte.

Ils permettent de remplacer par un pronom tout substantif non précédé de l'adjectif déterminatif, excepté dans le cas où *ce substantif indéterminé exprime avec le verbe ou la proposition qui précède une seule et même idée.*

Nous croyons qu'ici, comme en plusieurs autres cas, nos grammairiens ont eu le tort de vouloir changer en règle obscure ce qui doit être abandonné au goût et à la réflexion sur le sens des phrases.

Ainsi, quoique *sans fortune* équivale à *pauvre*, Laharpe a pu dire :

« Antonio Faria était un gentilhomme *sans fortune*, qui était venu *la* chercher aux Indes. »

Quoique *faire fortune* signifie *s'enrichir*, J.-J. Rousseau a pu dire :

« Ceux qui réussissent et *font fortune* la font presque toujours par les voies déshonnêtes qui *y* mènent.

Au contraire, quelquefois, quoique le substantif

et le mot auquel il est joint n'expriment pas *une seule et même idée*, on ne peut remplacer le premier par un pronom, comme l'a fait un auteur moderne dans la phrase suivante :

« Depuis lors les Allemands firent des incursions tantôt en Gaule, *qui* n'était plus guerrière, tantôt sur le Danube. »

MM. Noël et Chapsal diraient-ils : Il manque de santé, *qui* lui est nécessaire pour ses affaires. N'exigeraient-ils pas l'emploi de *la*? Pourtant il n'y a pas de liaison entre le substantif et la préposition.

PRONOM COMPLÉMENT D'UN INFINITIF.

Lorsqu'un verbe à l'infinitif est sous la dépendance d'un autre verbe, le pronom complément d'un infinitif peut se placer avant cet infinitif ou avant le verbe qui précède. (N. *et* Ch.)

Obs. — Si MM. Noël et Chapsal ne se trompent pas, on peut dire : Nous *vous* sommes venus chercher ; le myrthe ne s'aurait dû cueillir qu'après la palme.

Pourquoi faire des règles de ce qui n'est qu'affaire de goût ?

PRONOMS PERSONNELS EMPLOYÉS COMME COMPLÉMENTS INDIRECTS.

Le pronom *leur* et les pronoms *lui*, *eux*, *elle*, *elles*, employés comme compléments indirects, ne s'appliquent qu'aux personnes et aux choses personnifiées.... On se sert des pronoms *en*, *y*.... ou bien on donne un autre tour à la phrase si ces pronoms ne peuvent y entrer. (N. *et* Ch.)

Obs. — Chateaubriand dit, en parlant d'un oiseau : « On *lui* donna l'hospitalité. »

Girault-Duvivier, en parlant des oiseaux : « Quel

maître *leur* a appris les mathématiques et l'architecture. »

Bossuet, en parlant des axiômes : « On ne peut *leur* refuser sa croyance. »

Le traducteur de Thompson, en parlant du soleil : « Les nuages *lui* forment une suite pompeuse. »

On dirait, en parlant d'arbres : Vous *leur* nuirez, si vous découvrez leurs racines.

Et en parlant d'un chien : Donnez-*lui* à manger.

Comment nos grammairiens nous prouveraient-ils que dans ces phrases on est obligé à prendre *un autre tour?* Mais si elles sont correctes, leur règle n'est pas exacte.

PRONOMS RELATIFS.

Les pronoms relatifs sont : *Qui, que, quoi, dont,* etc. (N. *et* Ch.)

Obs. — *Qui, que* et *quoi* sont souvent employés sans antécédent, et par conséquent ne sont plus pronoms relatifs. Ex. : *Qui* l'a dit? — Recevez *qui* vous voudrez. — *Que* faites-vous? — Je ne sais *que* faire. — *Quoi* de plus beau que la vertu !

Dans ce cas, ces mots sont des pronoms interrogatifs, exclamatifs, ou absolus.

PLACE DU PRONOM RELATIF.

Le pronom relatif doit toujours être placé près de son antécédent.... Ainsi Boileau n'est pas à imiter quand il dit :

La déesse, en entrant, *qui* voit la nappe mise. (N. *et* Ch.)

Obs. — Si ce vers offre quelque chose d'incorrect, ce n'est pas en ce que le pronom *qui* est séparé de son antécédent, mais en ce que le complément indirect *en entrant* ne se trouve pas où il devrait être. Aujourd'hui (33ᵉ édition), MM. Noël et Chapsal ne voient plus une faute dans le vers de Boileau, mais *une inversion hardie;* d'autres pourront n'y voir qu'une licence poétique.

PRONOM *soi*.

Le pronom *soi* appliqué aux personnes ne s'emploie qu'avec une expression vague, comme *on, chacun, personne, quiconque,* etc. (N. et Ch.)

Obs. — Le pronom *soi* est préférable à *lui, elle,* même en parlant des personnes, lorsqu'on veut exprimer une idée de généralité ou de réflexion sur soi-même :

« Si l'homme savait rougir de *soi*, quels crimes ne s'épargnerait-il pas. » (*La Bruyère.*)

« Chaque homme a au milieu du cœur un tribunal où il commence par se juger *soi-même*, en attendant que l'arbitre souverain confirme sa sentence. » (*Chateaubriand.*)

« Idoménée revenant à *soi*, commença par remercier ses amis. » (*Fénélon.*)

Au contraire, M. de Ségur a pu employer le pronom *soi* avec *l'expression vague chacun* :

« Chacun de nous porte au dedans de *lui* un rayon divin qui l'éclaire. »

PRONOM *le*.

Quand le pronom *le* représente un substantif, il s'accorde en genre et en nombre avec le substantif. (N. et Ch.)

Obs. — Nous croyons que Voltaire ne s'est pas exprimé incorrectement quand il a dit :

« Voyez Aigues-Mortes, Fréjus, Ravenne, qui ont été *des ports*, et qui ne *le* sont plus. »

Ni Bernardin de Saint-Pierre, dans la phrase suivante :

« Les Romains avaient des oracles qui promettaient à Rome d'être *la capitale* du monde, et elle *le* devint. »

Dans ces phrases, quoique le pronom *le* ait rapport à un substantif, il est néanmoins pris adjectivement.

RÉPÉTITION DU PRONOM *ce*.

Le pronom *ce*, placé au commencement d'une phrase, doit être répété dans le second membre de la phrase lorsque celui-ci commence par le verbe *être*.

Quoique le pronom *ce* ne soit pas au commencement de la phrase, on l'emploie avant le verbe, si ce qui précède ce verbe figure comme attribut, et a une certaine étendue. (N. *et* Ch.)

Obs. — Ces deux règles si rigoureusement établies (nous pourrions ajouter et si obscurément, au moins pour la seconde) ne devaient être présentées que comme deux observations concernant l'élégance et l'énergie du style. Aussi les grammairiens y ont-ils mis quelque correctif dans leur dernière édition. Il y a même des cas où cette répétition exigée ou conseillée par nos auteurs est impossible; telles sont les phrases suivantes :

Ce que vous me dites est inconcevable.

Ce que nous craignions est arrivé.

« Ce qu'il y a de certain dans la mort est un peu adouci par ce qu'il y a d'incertain. » (*La Bruyère*.)

PRONOM *ce* DEVANT LE VERBE *être*.

Le verbe *être* précédé de *ce* ne se met au pluriel que lorsqu'il est suivi d'une troisième personne du pluriel. (N. *et* Ch.)

Obs. — La règle n'est pas bien exprimée, car

certainement Delille n'a pas fait de faute quand il a dit : « *C'est* des difficultés que naissent les miracles. » Et pourtant dans ce vers le verbe *être* précédé de *ce* est suivi d'un pluriel de la troisième personne.

Au contraire, voici des phrases où le verbe *être* précédé de *ce* se trouve correctement au pluriel, quoiqu'il ne soit pas suivi d'une troisième personne du pluriel, et ces phrases sont de MM. Noël et Chapsal :

« Les adjectifs numéraux ordinaux marquent l'ordre, le rang, *ce sont :* Premier, second, deuxième, troisième, dixième, etc. »

« Les adjectifs indéfinis déterminent la signification du substantif en y ajoutant, pour la plupart, une idée de généralité ; *ce sont :* Chaque, nul, aucun, même, etc. »

PRONOM *chacun.*

Chacun prend *son, sa, ses,* quand il est après le complément direct, ou que le verbe n'a pas de complément de cette nature.... *Chacun* prend *leur, leurs,* lorsqu'il précède le complément direct. (N. *et* Ch.)

Obs. — Doit-on dire : ils sont retournés, chacun dans *son* pays.

Ou bien : Ils sont retournés, chacun, dans leur pays.

La seconde phrase seule nous semble correcte, parce qu'elle seule permet l'analyse et la décomposition. Elle équivaut aux deux propositions suivantes : Ils sont retournés dans leur pays, *chacun* est retourné dans le sien. Cette seconde proposition est elliptique.

Au contraire, dans la première phrase *ils sont retournés* n'a pas de complément, et il nous semble que si on le sous-entend, l'ellipse sera forcée et peu naturelle.

Si ces observations sont vraies, la règle de MM. Noël et Chapsal est fausse.

Personne PRONOM, personne SUBSTANTIF.

Personne, pronom indéfini, a un sens vague et s'emploie sans l'article ni aucun adjectif déterminatif; il est masculin.

Personne, substantif, est accompagné de l'article ou d'un adjectif déterminatif, et est féminin. (N. *et* Ch.)

Obs. — Doit-on dire : Je ne connais pas de personne plus *impertinente*, ou : Je ne connais pas de personne plus *impertinent*.

S'il n'y a pas d'indécision possible entre ces deux phrases, le mot *personne* peut donc être *substantif* et *féminin* sans être précédé d'aucun déterminatif.

Si ceci paraît une chicane, nous répondrons que quand on veut instruire, surtout les enfants, on ne saurait trop peser ses termes, de peur de donner de fausses idées.

L'UN L'AUTRE, LES UNS LES AUTRES.

Quand il y a plus de deux objets, la réciprocité doit s'exprimer par *les uns les autres*, et non par *l'un l'autre*. (N. *et* Ch.)

Obs. — « Il n'est pas possible que les petits vers n'enjambent *l'un* sur *l'autre*. » (J.-B. Rousseau.)

On ne pourrait pas dire que vingt personnes se tiennent *les unes les autres* par la main, mais *l'une l'autre*.

C'est donc le sens de la phrase qu'il faut consulter pour le choix du nombre avec ces pronoms indéfinis.

CHAPITRE VIII.

DU VERBE.

VERBES EN *eler* ET EN *eter*.

Les verbes terminés à l'infinitif par *eler* ou *eter* doublent les consonnes *l* et *t* devant un *e* muet. (N. et CH.)

OBS. — A ces verbes on aurait dû ajouter les vingt-deux verbes en *enir*, ainsi que le verbe *prendre* et ses neuf composés, qui suivent la même règle pour le redoublement de la lettre *n*.

Il aurait fallu ajouter aussi que, au moins pour plusieurs, l'usage autorise l'emploi d'un accent grave au lieu du redoublement de la consonne, comme il achète, il gèle, il pèle, etc.

Dans leur dernière édition, MM. Noël et Chapsal blâment l'Académie d'approuver cet usage, qu'ils appellent une exception tout-à-fait inutile. D'autres grammairiens, au contraire, regardent le redoublement de la consonne comme une exception, et le proscrivent. C'est le milieu entre ces deux extrémités qui nous paraît le meilleur, c'est-à-dire le sentiment de l'Académie.

VERBES DONT LE PARTICIPE PRÉSENT EST EN *iant*.

Les verbes terminés au participe présent par *iant* prennent deux *i* à la première et à la seconde personne plurielle de l'imparfait de l'indicatif et du subjonctif présent. (N. et CH.)

OBS. — Cette règle est évidemment basée sur la distinction du radical et de la désinence dans les verbes, distinction qu'on a eu, ce nous semble, grand tort de négliger, par la raison qu'elle facilite singulièrement la conjugaison des verbes aux commençants.

VERBES DONT LE PARTICIPE PRÉSENT EST EN *yant*.

Les verbes terminés au participe présent par *yant* prennent un *y* et un *i* à la première et à la seconde personne plurielle de l'imparfait de l'indicatif et du présent du subjonctif. De plus ces verbes changent l'*y* en *i* devant un *e* muet. (N. *et* Ch.)

Obs. — L'observation précédente s'applique également à cette règle. En outre, il est faux que dans ces verbes on change toujours l'*y* en *i* devant un *e* muet. Ce changement ne doit pas avoir lieu quand la prononciation exige le son de deux *i*. Ainsi l'on écrira : Je m'asseyerai, que je grasseye, et non je m'asseierai, que je grasseie.

MM. Noël et Chapsal, qui, dans leur dernière édition, ont enfin reconnu l'exception, ajoutent que *grasseyer* prend plus généralement un *y* qu'un *i*. N'est-ce pas le contraire qui est la vérité? et l'Académie a-t-elle tort d'autoriser l'orthographe de je balaye, que je paye, etc.?

VERBES EN *éer*.

Les verbes terminés à l'infinitif par *éer* prennent deux *e* de suite au présent de l'indicatif, au futur absolu, au conditionnel présent, à l'imparfait, au présent du subjonctif et au participe passé masculin (N. *et* Ch.)

Obs. — L'imparfait n'est pas du nombre des temps qui prennent deux *e*, non plus que la première et la seconde personne du pluriel de l'indicatif présent et du subjonctif présent. De plus, au lieu de faire l'énumération des temps qui prennent ces deux *e* de suite, il fallait simplement en revenir encore à la distinction du radical et de la terminaison.

Cette observation a été changée dans la dernière édition en celle-ci :

Les verbes en *éer* prennent deux *e* dans toute la conjugaison, excepté devant *a*, *o*, *i*.

Cette nouvelle règle, quoique meilleure, serait encore avantageusement remplacée par la distinction dont nous avons parlé; les principes généraux étant préférables aux observations particulières.

DÉFINITION DU VERBE UNIPERSONNEL.

Le verbe impersonnel ne s'emploie dans tous ses temps qu'à la troisième personne du singulier, et a toujours pour sujet apparent le mot vague *il*. (N. *et* Ch.)

Obs. — Cette définition nous paraît inexacte, parce qu'elle ne convient qu'aux quatre ou cinq verbes essentiellement impersonnels de notre langue. Il faudrait se contenter de dire que le verbe impersonnel, ou plutôt *unipersonnel* (comme disent enfin MM. Noël et Chapsal), est celui qui est précédé du pronom *il* comme sujet apparent, et ne remplaçant aucun nom. A cette marque, l'élève reconnaîtra toujours les verbes essentiellement unipersonnels et les verbes pris unipersonnellement, qui sont beaucoup plus nombreux.

SUJET RÉEL DES VERBES UNIPERSONNELS.

Au chapitre du participe, MM. Noël et Chapsal, après avoir cité ces phrases, ou plutôt ces moitiés de phrases :

Les mauvais temps *qu*'il y a eu,
Les chaleurs *qu*'il a fait.

Nous disent que *le* QUE *relatif n'est le complément d'aucun verbe; que c'est une expression dont l'analyse ne peut rendre raison.*

Obs. — Nous croyons qu'il y a erreur dans cette seconde assertion, et que l'analyse peut rendre raison de ce *que*, qui n'est autre chose que le sujet réel des verbes *a eu*, *a fait*, qui sont pris unipersonnellement. Pour s'en convaincre, il suffit d'achever les phrases citées : Les mauvais temps qu'il y a eu nous ont empêchés de partir. Les chaleurs qu'il a fait nous ont incommodés. Qu'est-ce qu'il y a eu? Des mauvais temps. Et comme *mauvais temps* est le sujet de *ont empêchés*, c'est *que*, qui le remplace, qui est sujet réel de *a fait*, etc.

DÉFINITION DU VERBE PRONOMINAL.

Le verbe pronominal se conjugue avec deux pronoms de la même personne, comme *je me, tu te, il se, nous nous.* (N. *et* Ch.)

Obs. — Cette définition peut induire les élèves en une double erreur, en leur faisant croire que toutes les fois qu'un verbe est précédé de deux pronoms de la même personne il est pronominal, et que quand il n'est pas précédé de deux pronoms de la même personne il n'est jamais pronominal; ce qui n'est pas toujours vrai. Quand nous disons : *Il le* flatte sans cesse; qui *le lui* a dit? Les verbes *flatter* et *dire* sont précédés de deux pronoms de la même personne, et pourtant ils ne sont pas pronominaux. Au contraire, quand je dis : Alexandre *se* jeta au milieu des ennemis; nos sœurs *se* sont rencontrées; les verbes *jeter* et *rencontrer* sont pronominaux, quoiqu'ils ne soient pas précédés de deux pronoms.

Le verbe pronominal est donc celui qui à la troisième personne prend le pronom réfléchi *se*, et qui aux deux autres personnes est toujours précédé de deux pronoms se rapportant à la même personne ou à la même chose.

AUXILIAIRE DES VERBES PRONOMINAUX.

Dans les verbes pronominaux, le verbe *être* est employé pour le verbe *avoir*. (N. *et* Ch.)

Obs. — Pas toujours : Je me *suis* tû n'est pas pour j'*ai* tû moi ; il s'*est* moqué de nous pour il *a* moqué lui de nous ; les troupes se *sont* emparées de la ville pour les troupes *ont* emparé elles de la ville ; il faut que vous vous *soyez* servi de la voiture pour il faut que vous *ayez* servi vous de la voiture ; ils s'en *sont* allés pour ils en *ont* allé eux.

IMPÉRATIF.

Obs. — Dans la conjugaison de leurs verbes modèles, MM. Noël et Chapsal ne donnent qu'un temps au mode impératif. Il y en a deux ; on dit : *Aie* fini, *ayez* fini quand nous reviendrons ; *soyons* partis quand il arrivera. Ce temps est un impératif antérieur.

PASSÉ ANTÉRIEUR.

Obs. — Dans leur dernière édition, nos grammairiens ont remis au nombre des temps conjugués interrogativement le passé antérieur, qu'ils en avaient exclu dans toutes les autres. Ils ont eu raison. On peut quelquefois employer ce temps sous la forme interrogative. Mais à quoi bon nous donner un tableau des quatre verbes modèles conjugués interrogativement dans toute leur étendue ? Ne suffisait-il pas d'avertir que pour conjuguer un temps interrogativement, il suffit de transporter le

...nom après, et que pour reconnaître un temps interrogatif il suffit aussi de remettre le pronom avant?

AUXILIAIRE DE *expirer*.

Expirer prend *être* quand il se dit des choses, et *avoir* quand il se dit des personnes. (N. *et* Ch.)

Obs. — Nous croyons que *expirer* suit la règle générale; qu'on doit dire d'une manière absolue : Le terme *est* expiré ; et d'une manière relative : Le terme *a* expiré le 21 du mois dernier; qu'enfin Voltaire s'est exprimé correctement quand il a dit :

« A peine Fédor *fut*-il expiré, que, etc. »

Aussi bien que M. Thiers, en disant :

« Louis XIV *était* à peine expiré, que, etc. »

VERBES AYANT POUR SUJET UN COLLECTIF.

Tout verbe qui a pour sujet un collectif s'accorde avec ce collectif s'il est général, et avec le substantif qui suit le collectif si celui-ci est partitif. (N. *et* Ch.)

Obs. — Telle est la règle vicieuse que nous donnent les grammairiens jusqu'à leur dernière édition, où ils l'ont corrigée avec une exactitude que nous nous plaisons à reconnaître.

INFINITIFS SUJETS.

Les infinitifs ne sauraient, lorsqu'ils sont employés comme sujets, communiquer au verbe la forme plurielle. (N. *et* Ch.)

Obs. — La vraie règle est précisément le contraire de celle-ci ; c'est encore ce qu'ont reconnu MM. Noël et Chapsal dans leur dernière édition.

Mais en corrigeant leur règle ils pouvaient se dispenser de changer cette phrase qui la contredit, et qu'on lit dans les trente premières éditions :

« *Vivre* tranquillement, *marcher* lentement, *être* trop riche, *sont* la même chose que vivre avec tranquillité, marcher avec lenteur, être riche avec excès. » (*Définition de l'adverbe.*)

CHAPITRE IX.

DU SUBJONCTIF.

EMPLOI DU MODE SUBJONCTIF AVEC UNE NÉGATION ET UNE INTERROGATION.

On emploie le subjonctif après un verbe accompagné d'une négation ou d'une interrogation. (N. *et* Ch.)

Obs. — Vous ne m'aviez pas dit qu'il *était* venu.
Je ne savais pas qu'il *viendrait*.
Ne prétendiez-vous pas qu'il s'*était* trompé ?
Ne vous avais-je pas averti qu'il vous *arriverait* malheur ?
Dans ces phrases il y a négation ou interrogation, et même l'une et l'autre dans les deux dernières, et pourtant on ne peut employer le subjonctif.

EXCEPTION A LA RÈGLE PRÉCÉDENTE.

Le subjonctif cesse d'avoir lieu quand l'interrogation est un tour oratoire.

. . . . Madame, oubliez-vous
Que Thésée *est* mon père, et qu'il *est* votre époux?
(N. *et* Ch.)

Obs. — Cet exemple est cité mal à propos; car ce n'est pas parce que l'interrogation est oratoire qu'on emploie l'indicatif, mais à cause du verbe *oublier*, dont la signification n'admet pas l'emploi du subjonctif. Aussi dirait-on, sans faire une interrogation oratoire :

Oubliez-vous qu'il *est* venu hier, et qu'il *reviendra* demain ?

MODE SUBJONCTIF AVEC UN PRONOM RELATIF.

On emploie le *subjonctif* après un *pronom relatif* ou l'adverbe *où* quand l'un ou l'autre est précédé de *le seul, de peu, le plus, le moins, le mieux, la plus, la moins, la mieux, les plus*, etc. (N. et Ch.)

Obs. — Voici des phrases où le subjonctif n'a pas dû être employé avec ces expressions :

« Antonin fut le *seul qui* ne *put* voir François sans un sentiment de dépit. » (*Berquin.*)

« La monarchie de France, *la plus* ancienne et *la plus* noble de toutes celles *qui sont* au monde, commença sous Pharamond. » (*Bossuet.*)

« Dans ce dernier moment on ne donne au pécheur que le titre tout *seul qu'il avait* reçu dans le baptême, le *seul dont il ne faisait* aucun cas, et le *seul qui* lui *doit* demeurer éternellement. » (*Massillon.*)

Les trois observations que nous venons de faire prouvent qu'au lieu de donner toutes ces règles particulières, c'était à développer et à appliquer le principe général que nos auteurs auraient dû s'appliquer, et qui est, comme ils le disent, que *le subjonctif est le mode du doute, de l'indécision*.

EMPLOI DES TEMPS DU SUBJONCTIF.

MM. Noël et Chapsal nous donnent pour l'emploi

des temps du subjonctif deux règles que voici :

Première règle. — Après le *présent* et le *futur* de l'indicatif on emploie le *présent* ou le *passé* du subjonctif, selon le temps qu'on veut exprimer à l'égard du premier verbe.

Deuxième règle. — Après l'*imparfait*, le *plus-que-parfait*, les *passés* et les *conditionnels*, on emploie l'*imparfait* ou le *plus-que-parfait* du subjonctif, selon le temps, etc. (N. *et* Ch.)

Obs. — Voilà des règles très-claires et très-commodes ; mais combien de cas où elles seraient un guide perfide !

Phrases opposées à la première règle :

« Ce n'est que rarement qu'il *fait* couler des larmes et qu'il *excite* la pitié, soit que la nature lui *eût* refusé cette douce sensibilité qui a besoin de se communiquer aux autres, soit plutôt qu'il *craignit* de les amollir. » (*Barthélemy*, parlant d'Eschyle.)

« A dire vrai, où *trouvera*-t-on un poète qui *eût* possédé à la fois tant de grands talents, tant d'excellentes parties, l'art, la force, le jugement, l'esprit. » (*Racine*, parlant de Corneille.)

« Après avoir visité ces ruines, nous passâmes près d'un moulin abandonné ; M. de Volney le *cite* comme le seul qu'il *eût* vu en Syrie. » (*Chateaubriand*.)

Phrases opposées à la seconde règle :

« Je n'*ai* jamais trouvé personne qui m'*ait* assez aimé pour vouloir me déplaire en me disant la vérité tout entière. » (*Fénelon*.)

« J'*ai* commandé qu'on *porte* à votre père
Les faibles dons qu'il convient de vous faire. » (*Voltaire*.)

Auguste ne put jouir du bonheur de cette paix, car sur un autre point de son empire les Germains lui *avaient fait* essuyer la perte la plus considérable et la plus douloureuse qu'il *ait* éprouvée de sa vie. » (*Guinefolle.*)

« Henri VIII *était* un des plus grands fléaux qu'*ait* éprouvés la terre. » (*Voltaire.*)

« On *appela* bonheur ce qui restait de sa maison, quoiqu'il y *ait* pour Guitaut pour plus de dix mille écus de perte. » (*Mme de Sévigné.*)

Nous nous arrêtons ; car nous pourrions ici multiplier les citations d'une manière effrayante pour nos grammairiens. Il nous semble que ou il ne fallait pas donner ces règles, ou il fallait les développer davantage.

EXCEPTION A LA PREMIÈRE RÈGLE.

Après le présent et le futur de l'indicatif on emploie l'*imparfait* du subjonctif au lieu du *présent*, si le verbe au subjonctif est suivi d'une expression conditionnelle. (N. *et* Ch.)

Obs. — A l'appui de cette observation, nos grammairiens citent cet exemple :

« Je doute que vous *étudiassiez* maintenant si l'on ne vous y contraignait. »

La phrase est correcte ; mais il faut donc dire aussi :

Je doute que vous *étudiassiez* si l'on ne vous y contraint.

Car il y a dans cette seconde phrase, comme dans la première, une expression conditionnelle.

Nos auteurs ont aussi oublié de nous dire que la condition est quelquefois sous-entendue, comme dans cette phrase de La Bruyère :

« Bien loin de s'effrayer et de rougir du nom de philosophe, il n'y *a* personne au monde qui ne *dût* avoir une forte teinture de philosophie. »

Et dans ces vers de Boileau :

« *Dût* ma muse par là choquer tout l'univers,
Riche ou gueux, triste ou gai, je veux faire des vers. »

CHAPITRE X.

DU COMPLÉMENT.

Le complément direct est celui qui complète la signification du verbe sans le secours d'aucun autre mot. (N. *et* Ch.)

Obs. — La préposition se trouve quelquefois devant le complément direct. Ex. : Vous avez là *de* beaux *fruits* ; je n'ai pas reçu *de lettre* ; il aime *à jouer* ; il essaya *de se relever*, etc.

Le complément indirect est celui qui complète la signification du verbe à l'aide de certains mots qu'on appelle prépositions. (N. *et* Ch.)

Obs. — La préposition est souvent supprimée devant les compléments indirects. Ex. : Il partira *jeudi* ; il a dormi *cinq heures* ; Charlemagne fut couronné empereur *l'an huit cent*.

Dans ces deux cas, c'est l'attention et la question qui guideront l'élève.

DEUX COMPLÉMENTS DIRECTS.

Un verbe ne peut avoir deux compléments directs. (N. *et* Ch.)

Obs. — Il est donc incorrect de dire : Il a parcouru *l'Italie et l'Allemagne* ; il a rencontré *son frère et son ami?*

L'intention de nos auteurs, nous le savons bien, n'était pas de renfermer cette conclusion dans leur principe; mais elle n'en résulte pas moins de leur règle, si l'on prend les termes dans leur rigueur.

DEUX COMPLÉMENTS DE NATURE DIFFÉRENTE.

Lorsque le complément d'un verbe renferme plusieurs parties unies par une des conjonctions *et*, *ni*, *ou*, ces parties doivent être exprimées par des mots de même espèce; c'est-à-dire qu'alors les conjonctions *et*, *ni*, *ou*, ne doivent unir qu'un substantif à un substantif, un verbe à un verbe, une proposition à une proposition, etc. (N. et Ch.)

Obs. — Ceci est purement euphonique et ne pouvait être changé en règle. Aussi voici des phrases qui pèchent contre la règle de Noël et Chapsal, mais non contre la correction :

« M. Charpentier et M. Quinault se présentèrent à M. de Louvois, qui leur demanda d'abord *des nouvelles* de la petite Académie, *et de combien de personnes elle était composée.* » (Hist. de l'Acad. des Inscriptions.)

« Les premiers hommes, frappés de ces bruits mystérieux, crurent entendre *des oracles* sortir du tronc des chênes, *et que des nymphes et des dryades habitaient, sous leurs rudes écorces, les montagnes de Dodone.* » (Bernardin de Saint-Pierre.)

CHAPITRE XI.

DU PARTICIPE.

C'est à tort que Racine a dit :

Ah! malheureux, combien j'en ai déjà *perdus*. (N. *et* Ch.)

Obs. — Nos auteurs blâment Racine d'avoir mis un s à *perdus*. Nous croyons qu'ils se trompent, et que quand le mot remplacé par *en* peut être placé avant le participe il peut y avoir accord. En effet, on ne voit pas quelle différence il y a entre cette phrase :
Combien d'instants j'ai déjà *perdus!*
Et celle-ci :
Combien j'en ai déjà *perdus!*
Si l'on doit faire accorder le participe dans la première, pourquoi ne le pourrait-on pas dans la seconde ?

C'est ainsi que J.-J. Rousseau a écrit en parlant des hommes :
Combien j'en ai déjà *passés!* combien j'en puis encore atteindre !

CHAPITRE XII.

DE L'ADVERBE.

AUSSI, AUTANT ; SI, TANT.

Aussi, autant, expriment la comparaison ; *si, tant*, marquent l'extension. (N. *et* Ch.)

Obs. — *Si* et *tant* peuvent aussi marquer la comparaison dans les phrases négatives :

Il n'a pas *tant* de prudence que de valeur.
Il n'est pas *si* âgé qu'il le paraît.

AUSSI, NON PLUS.

Aussi et *non plus* s'emploient pour pareillement : *Aussi*, quand le sens est positif, et *non plus*, quand il est négatif : Je sortirai *aussi* ; je ne sortirai pas *non plus*. (N. *et* Ch.)

Obs. — *Aussi* a quelquefois le sens de *c'est pourquoi*, et entre alors aussi bien dans les propositions négatives que dans les autres : Il pleut ; *aussi* ne sortirons-nous pas.

Aussi dans le sens de *pareillement* peut même entrer dans les propositions négatives : Nous partons pour la campagne ; n'y viendrez-vous pas *aussi* ?

Voltaire ne s'est-il pas exprimé correctement quand il a dit, en parlant d'une scène d'*Athalie* :

« Toute cette action est pathétique ; mais si le style *ne l'était pas aussi*, elle n'était que puérile. »

CHAPITRE XIII.

DE LA PRÉPOSITION.

ENTRE, PARMI.

Entre se dit de deux objets.... *Parmi* se dit d'un plus grand nombre d'objets et veut après lui ou un pluriel ou un collectif.... Racine n'est pas à imiter quand il dit :

Parmi ce plaisir quel chagrin me dévore !

L'exactitude grammaticale exige : *Au milieu* de ce plaisir. (N. *et* Ch.)

Obs. — On dit partager une somme *entre* vingt personnes.

Se distinguer *entre* tous ses égaux.

« J'ai pour maxime de ne point interposer de secrets *entre* les amis. » (*J.-J. Rousseau.*)

Entre peut donc se dire de plus de deux objets ; il doit s'employer quand on a une idée de partage ou de distinction à établir.

Quant à la correction du vers de Racine, nous croyons qu'il est encore plus incorrect de dire *au milieu de ce plaisir* que *parmi ce plaisir*.

CHAPITRE XIV.

DE LA CONJONCTION.

DÉFINITION.

La conjonction est un mot invariable qui sert à lier un membre de phrase à un autre membre de phrase. (N. *et* Ch.)

Obs. — Cette définition est inexacte, car il y a des conjonctions qui unissent des phrases entières, et d'autres qui ne lient que deux mots, comme deux sujets d'un même verbe. Ex. : Votre frère *et* mon cousin sont arrivés.

ET, NI.

On emploie *ni*, 1° pour unir les propositions incidentes qui dépendent d'une principale négative ; 2° pour unir les parties semblables d'une proposition négative. (N. *et* Ch.)

Obs. — *Et* est-il vicieux dans ces phrases :
Votre frère *et* votre cousin *ne* viendront-ils *pas* ?
L'intérêt *et* l'ambition ne me tentent pas.
« On n'a jamais ouï dire que les rois n'aimassent

pas la monarchie, *et* que les despotes haïssent le despotisme. » (*Montesquieu.*)

« Racine n'avait pas encore acquis le talent d'asservir la rime, *et* d'éloigner les mots parasites qui affaiblissent les vers. » (*Petitot.*)

CONJONCTION *ou* ENTRE DEUX SUJETS D'UN VERBE.

Le verbe s'accorde avec le dernier substantif ou pronom quand les mots composant le sujet sont unis par la conjonction *ou*. (N. *et* Ch.)

Obs. — *Ou* ne donne pas toujours l'exclusion à l'un des deux sujets ; il n'exprime souvent qu'une simple idée de division.

« Comme notre habitation était située près du grand chemin, le voyageur *ou* l'étranger *venaient* souvent goûter notre vin de groseille. » (*Le Min. de Wakefield.*)

« Après un orage on écoute avec plus de délices l'alouette *ou* le rossignol qui *chantent* en secouant leurs ailes. » (*Florian.*)

« Un épervier voit d'en haut et de vingt fois plus loin une alouette sur une motte de terre qu'un homme *ou* un chien ne *peuvent* l'apercevoir. » (*Buffon.*)

« Là se dévoilaient les crimes du mort, et ceux que le crédit *ou* la puissance du mort *avaient* étouffés pendant sa vie. » (*Thomas.*)

Dans ces phrases l'affirmation exprimée par le verbe convient aux deux sujets ; les auteurs veulent seulement dire qu'elle leur convient en des circonstances ou en des temps différents ; le singulier ne rendrait pas leur idée.

CHAPITRE XV.

OBSERVATIONS PARTICULIÈRES.

A, ou, ENTRE DEUX NOMBRES.

Au lieu de *à*, on emploie *ou* (entre deux nombres) quand le substantif représente une chose qui n'admet pas de division. (N. *et* Ch.)

OBS. — Ne pourrait-on pas dire : Cinq *à* six cents personnes ; sept *à* huit mille hommes ?

CAPABLE, SUSCEPTIBLE.

Capable ne se dit que des personnes, excepté quand il s'agit d'une idée de contenance.
Susceptible ne se dit que des choses. (N. *et* Ch.)

OBS. — Ces deux observations sont fausses :
Capable a le sens de *qui peut faire*, et se dit aussi bien des choses que des personnes : Mes conseils n'ont pas été *capables* de le détourner de son mauvais dessein. « Cette digue n'est pas *capable* de résister à la violence des flots. » (*Acad.*)
Susceptible, du latin *suscipere*, signifie *qui peut recevoir*, et peut quelquefois convenir aux personnes. Ex. : Ce jeune homme est *susceptible* de bonnes et de mauvaises impressions.

ÊTRE, ALLER.

J'ai *été* suppose le retour ; *je suis allé* ne le suppose pas. (N. *et* Ch.)

OBS. — On ne peut donc jamais dire *je suis allé*, ni *vous êtes allés*, ni *nous sommes allés* ; car pour le dire il faut bien qu'on soit revenu, et par conséquent *supposer* son retour. Cette distinction peut tout au plus s'appliquer aux troisièmes personnes.

IMITER L'EXEMPLE.

Imiter l'exemple ne se dit que d'un modèle que l'on copie trait pour trait. (N. *et* CH.)

OBS. — *Imiter l'exemple* dans le sens moral est une métaphore qui n'offre rien de vicieux, et qui est autorisée par l'exemple des bons auteurs :

« Mélésichton ne songea dans sa jeunesse qu'à *imiter l'exemple* de ses ancêtres. » (*Fénélon.*)

« Proposons-nous de grands *exemples à imiter*, plutôt que de vains systèmes à suivre. » (*J.-J. Rousseau.*)

PAR TERRE, A TERRE.

Par terre se dit de ce qui touche à la terre, et *à terre* de ce qui n'y touche pas. (N. *et* CH.)

OBS. — MM. Noël et Chapsal ne nous semblent pas avoir saisi la véritable différence qui existe entre ces deux expressions, et qui est, ce nous semble, une simple différence d'énergie. Ne peut-on pas dire pour exprimer une chute lourde :

Mon cheval m'a jeté *par* terre.

Et avec Fénélon :

« Si un homme qui danse sur la corde raisonnait sur les règles de l'équilibre, son raisonnement ne lui servirait qu'à tomber *par* terre. »

CHAPITRE XVI.

DES FIGURES.

PLÉONASME.

Au nombre des pléonasmes vicieux, nos auteurs ont mis dans leurs dernières éditions ces expressions : *Monter en haut, descendre en bas.*

Obs. — Il y a ici une distinction à faire : si quelqu'un est au rez-de-chaussée, je puis lui dire : *Montez en haut ;* haut est ici pris substantivement, c'est-à-dire montez dans la partie supérieure de la maison ; de même je puis, dans le cas contraire, dire : *Descendez en bas.* Hors ces deux cas, il est vrai, ces deux expressions sont vicieuses. Mais la distinction n'était pas inutile.

INVERSION.

MM. Noël et Chapsal trouvent une inversion dans cette phrase :

Croyez-vous pouvoir ramener ces esprits égarés *par la douceur.*

Obs. — Nous voyons bien ici un arrangement de mots vicieux et nuisible à la clarté de la phrase, mais nous n'y pouvons voir d'*inversion ;* il faudrait pour cela que le complément *par la douceur* fût placé avant le verbe *ramener*.

OBSERVATION SUR L'ANALYSE LOGIQUE.

Obs. — MM. Noël et Chapsal veulent que les élèves décomposent toujours le verbe attributif de cette manière : Je marche, c'est-à-dire *je suis marchant*; il tomba, c'est-à-dire *il fut tombant*. Nous proposons à la place de cette méthode, qui nous paraît tant soit peu barbare, cette substitution : Je marche, sujet *il*, verbe attributif *marche*; il tomba, sujet *il*, verbe attributif *tomba*. La culture de l'esprit élève l'homme, sujet *la culture*, ayant pour complément indirect *de l'esprit*, verbe attributif *élève*, ayant pour complément direct *l'homme*, etc.

Il a paru, il y a deux ou trois ans, un livre intitulé *Réfutation complète de la Grammaire de Noël et Chapsal*, dont nous sommes obligé de dire ici quelques mots pour éviter le soupçon de plagiat. Nous protestons donc que nos *Observations* n'ont rien de commun avec cette réfutation ou plutôt cette diatribe, toujours aigre, toujours amère, et très souvent injuste, dont les auteurs, MM. Martin, Bescherelle aîné et Edouard Braconier, ont presque partout perdu de vue cet adage : *Qui dit trop ne dit rien.*

« Quel est en France, s'écrient-ils, *quel est en France l'instituteur, quel est le professeur qui peut se vanter d'avoir fait comprendre à ses élèves la syntaxe de MM. Noël et Chapsal?* Règles de style, concordance des temps, rapports des mots entre eux, *tout s'enveloppe de considérations fausses ou hasardées, toujours difficiles, souvent même incompréhensibles. Etrange syntaxe qui étouffe la langue, qu'elle comprime dans les plus étroites limites! Théorie audacieuse de grammairiens inhabiles*, etc. » (P. VI.)

Mais ce ne sont pas seulement MM. Noël et Chapsal qui sont l'objet de leurs injures ; avec quel mépris ne parlent-ils pas des autres grammairiens, dans lesquels ils auraient dû au moins respecter leurs confrères.

« Il est inutile de dire que nos critiques sévères retombent aussi sur toute cette *tourbe* obscure de grammairiens ignorés, les Bonneau, les Caillot, les Thiel, les Meunier, les Bonnaire, les Peigné, les Meissas et Michelot, les Lorrain et Lamotte, etc., etc., qui tous ont servilement copié Noël et Chapsal. » (P. VII.)

N'y a-t-il point quelques-uns de ces noms qui soient tout aussi recommandables que ceux des Martin, des Bescherelle, des Braconnier?

Tout le système de nos aristarques consiste en deux choses : 1° à reprocher à MM. Noël et Chapsal les omissions qu'ils ont faites ; 2° à opposer à leurs règles des phrases tirées des auteurs français. Ce système de critique ne nous paraît aucunement solide.

D'abord, pour ce qui est des omissions, il s'agit de savoir si celles qu'ont faites nos grammairiens entraient ou non dans leur plan, pouvaient ou non être utiles aux élèves; l'auteur d'une grammaire élémentaire est-il obligé de tout dire? Nos critiques eux-mêmes croient-ils n'avoir rien omis? Quel est l'ouvrage qui puisse être à l'abri d'un pareil genre d'attaque!

En second lieu, si dès qu'une manière de parler se rencontre chez un ou deux de nos auteurs estimés, il en faut conclure qu'il faut l'admettre, où ne nous conduira pas cette manière de raisonner? N'est-il pas vrai qu'il n'y aura bientôt plus de locution vicieuse qu'on ne puisse justifier? Ainsi, p. 34, nos critiques blâment Noël et Chapsal de condamner l'emploi de *chaque* à la fin des phrases, et ce tour *tel qu'il soit, tel riche que vous soyez*, par la raison que ces façons de parler se trouvent dans quelques auteurs ; à la p. 93, ils réprouvent cette distinction judicieuse faite par les grammairiens entre *tout.... que* et *quelque.... que*, dont l'un exclue le doute et veut l'indicatif, et dont l'autre suppose l'incertitude et demande le subjonctif ; et disent, au sujet de cette dernière règle, avec leur politesse accoutumée : « Il est possible que ce soit une faute suivant les idées étroites de M. Boniface, de MM. Noël et Chapsal, et de tout le *servum pecus*; mais comme ces messieurs sont loin d'être d'habiles écrivains, et qu'ils n'ont pas le droit de nous imposer leur jargon, ils voudront bien nous permettre de ne pas nous en rapporter à eux sur ce point comme sur mille autres, et de préférer à leurs préceptes erronés les imposantes leçons de nos grands écrivains *qui ne trompent jamais.* » Puis, à l'apui de leur critique, viennent des phrases tirées d'Arnauld, de Regnard, de Chateaubriand, de Albert de Montémont, où *tout.... que* est employé avec le subjonctif. Prouvons par quelques exemples à quelles conséquences ridicules nous mène une pareille argumentation, qui est, comme nous l'avons déjà dit, l'unique base de leur *Réfutation complète*.

De deux choses l'une, MM. Martin, Bescherelle et Braconier, ou renoncez à votre argumentation, ou approuvez celle que nous allons faire à votre imitation.

J.-J. Rousseau a dit : « Socrate faisait parler des cochers, menuisiers, cordonniers, maçons. »

Et Voltaire : « Il fut stipulé que Steinbock, ses officiers et soldats pourraient être rançonnés. »

Donc on peut ne pas répéter l'article devant chaque substantif.

Fénélon a dit : « Ils égalèrent la douce destinée de Philémon et Baucis. »

Et Lamartine : « Les sacres de Pépin, Charlemagne, Carloman, Raoul, etc. »

Donc la préposition *de* peut n'être pas répétée devant chaque complément.

Montesquieu a dit : « Le troisième ou quatrième successeur. »

J.-J. Rousseau et Le Sage : « Mes bonnes et mauvaises qualités. »

Donc on n'est pas obligé de répéter l'article devant deux adjectifs même quand ils se rapportent à des objets différents.

Bossuet a dit : « C'*était* eux.... C'*est* leurs jointures. »

La Bruyère : « C'*est* de grandes richesses. »

Donc on a tort de dire que le verbe *être* doit se mettre au pluriel après *ce* quand il est suivi d'un pluriel de la troisième personne.

Duclos a dit : « Ce qu'il y a de plus instructif *sont* les ridicules. »

Et Th. Corneille : « Ce qu'on souffre avec moins de patience *sont* les perfidies, les trahisons, etc. »

Donc les grammairiens radotent quand ils disent qu'il faudrait ici employer le pronom *ce*.

Chateaubriand a dit, en parlant d'un ruisseau : « La fontaine des nymphes *dont* il sort. »

Et La Bruyère : « Il y a deux mondes : l'un *dont* l'on doit sortir pour n'y plus rentrer, l'autre où l'on doit bientôt entrer pour n'en jamais sortir. »

Et J.-J. Rousseau : « Une maison *dont* ils ne sortent jamais. »

Donc il est ridicule de dire qu'il ne faut pas confondre *dont* et *d'où* ; que le premier marque la relation, et le second la sortie.

Madame de Sévigné, qui est du nombre des auteurs *qui ne trompent jamais, aurait cru avoir de la barbe* si elle avait répondu à quelqu'un qui lui aurait demandé si elle était enrhumée : Oui, je *la* suis ; donc toute dame pourra faire la même réponse, et remplacer un adjectif par le pronom *la*, au lieu de *le* qu'exigent toutes les grammaires.

Racine n'a-t-il pas fait dire aussi à Mlle Leblanc : « Dieu qui m'a tirée du milieu des bêtes farouches pour me faire *chrétienne*, m'abandonnera-t-il quand je *la* suis ? »

Il ne faut plus faire de distinction entre *l'un et l'autre* et *l'un l'autre*, ni soutenir que celui-ci marque la réciprocité, car Voltaire a dit :

« Nous faudra-t-il toujours redouter *l'un et l'autre* ? »

Et Piron :

« Nous nous encensions tous les mois *l'un et l'autre*. »

Et Am. Pichot : « Ne nous sommes-nous pas aimés *l'un et l'autre* ? »

On lit dans Montesquieu : « On est étonné de la punition de cet aréopagite *qui* avait tué un moineau, *qui*, poursuivi par un épervier, s'était réfugié dans son sein. »

Marsolier, loué par Voltaire et dont certainement l'autorité est aussi imposante que celle de plusieurs écrivains cités par nos critiques, emploie trois fois dans la même phrase le pronom *qui* avec des rapports différents.

Donc il ne faut pas blâmer l'emploi de plusieurs pronoms se rapportant à différents objets.

On lit dans Bossuet : « Clotilde était catholique zélée, encore que sa famille et sa nation *fût* arienne. » — Et dans Fontenelle : « D'où *vient* le flux et le reflux de la mer. » — Et encore dans Bossuet : « Le pontife et tout le conseil *condamne* J.-C. »

Donc il n'est pas vrai que deux singuliers valent un pluriel.

Massillon a dit : « C'est d'une illusion si grossière *dont* le démon se sert. »

Bernardin de Saint-Pierre : « Est-ce *dans* cet état *où* je reconnaîtrai un lis! »

Mme de Sévigné : « Ce fut *là où* M. de Lorges, et beaucoup d'autres, pensèrent mourir de douleur. » Etc., etc.

Donc il est faux que Boileau ait violé la correction lorsqu'il a dit :

« C'est à vous, mon esprit, *à qui* je veux parler. »

Fénélon a dit : « Une douleur *que* rien ne pouvait *consoler*. »

Donc on peut dire consoler la douleur de quelqu'un.

Racine a dit, sans que sa mesure l'exigeât :

« Les dieux ont prononcé. Loin de *leur* contredire,
C'est à nous de passer du côté de l'empire. »

Donc on peut dire contredire à quelqu'un.

Albert de Montémont a dit : « Personne n'était plus en état, mais personne n'était moins disposé *à* venir à son secours. »

Donc les auteurs de la *Réfutation complète* ont tort de blâmer cette phrase : « Cet homme est utile et chéri de sa famille. »

Fléchier a dit de Jovien qu'il fut étouffé *de* la vapeur du charbon.

Donc on peut dire être *étouffé de quelque chose*.

J. J. Rousseau a dit : « Pardonnez une pauvre fille. »

Donc on peut dire *pardonner quelqu'un*.

Florian a dit : « Le berger se rappelle de l'enfant. »

Donc on peut dire se rappeler *de* quelque chose.

Fénélon a dit : « Ne craignais-tu pas que Pithias

ne *reviendrait* point. » Et ailleurs : « Je crains bien que tous ces petits sophistes *achèveront* de corrompre les mœurs romaines. »

Donc il n'est pas vrai que le verbe *craindre* exige l'emploi du subjonctif.

Albert de Montémont a dit : « Un spectacle si sauvage que celui-ci, etc. »

Donc *si* peut exprimer une comparaison, même sans la négation.

On trouve dans Bossuet et dans Fénélon, et dans d'autres auteurs, cette vieille expression *à cause que*; J.-J. Rousseau dit *en campagne* pour *à la campagne*, etc., etc. Donc ces expressions sont autorisées.

Nous nous arrêtons, car nous craindrions de lasser la patience de nos lecteurs si nous poussions plus loin nos citations ; mais nous en avons dit assez sans doute pour faire voir quel amas informe de règles bizarres, contradictoires et absurdes, résulterait du système de nos aristarques.

OBSERVATIONS CRITIQUES

SUR

LA GRAMMAIRE SELON L'ACADÉMIE,

DE

MM. BONNEAU ET LUCAN (1).

PRONONCIATION DES MOTS EN *et*.

P. 4 et 5, n. 8 et 10. — Au nombre des mots où l'*e* est ouvert se trouvent cités les mots *regret, sujet, net*.

OBSERVATION. — Nous avons déjà désapprouvé ailleurs cette prononciation que nous veulent imposer les beaux parleurs de la capitale. Nous ne pouvons admettre que le *t* rende longue l'*e* ou la syllabe *ai* qui le précède. Ou bien, s'il faut admettre ce principe, voilà tous les pluriels des mots en *et* confondus pour la prononciation avec les singuliers; et les troisièmes personnes singulières en *ait* confondues avec les singuliers en *ais* et les pluriels en *aient*; ce qui nous paraît un inconvénient; en second lieu, si c'est là la vraie prononciation, à quoi bon prescrire d'employer un accent circonflexe dans les verbes en *aître* et en *oître* de-

---

(1) Nous avertissons que ces observations ne sont point dirigées contre l'Académie et ses décisions, dont nous nous sommes faits les défenseurs en cent endroits, mais bien contre l'ouvrage seul de MM. Bonneau et Lucan.

vant le *t*. Cette consonne ne doit-elle pas suffire pour donner au mot sa véritable prononciation?

P. 101. — Nos auteurs nous font remarquer que les mots *regret, objet, discret, sujet*, s'écrivent sans accent parce qu'ils sont *brefs*. Ainsi se trouve condamnée par eux-mêmes la prononciation vicieuse qu'ils nous inculquent à la p. 4.

PRONONCIATION DE L'*y*.

P. 5, n. 11. — L'*y* sert pour deux *i* comme dans *crayon, noyau, royaume;* et quelquefois pour un *i*, comme dans *physique, style*, etc.

OBS. — Pourquoi nos auteurs ne nous disent-ils pas quand l'*y* sert pour un *i* et quand il sert pour deux? N'admettent-ils donc point de règle à ce sujet?

H ASPIRÉE.

Tout à l'heure, comme nous l'avons vu, MM. Bonneau et Lucan nous ont prescrit de prononcer *objet, sujet, net*, comme *objè, sujè, nè;* ici, au contraire, les voilà qui nous disent au sujet de l'h aspirée:

Il faut prononcer *les haricots, les haines, les hameaux*, comme s'ils étaient écrits: *Lé haricots, lé haines, lé hameaux*.

Pauvres provinciaux! comme nous sommes arriérés! Nous qui, à l'imitation de nos grands-pères, prononçons encore un *objé*, un *sujé, né,* et *lès!*

DÉFINITION DE LA SYLLABE.

P. 5, n. 13. — Les émissions de voix, c'est-à-dire les

parties de voix nécessaires pour l'articulation d'un mot, sont ce qu'on appelle des syllabes; *jour, nuit, pain, vin,* sont des mots d'une seule syllabe, etc.

Obs. — *Des parties de voix !* combien y a-t-il donc de parties de voix dans ces mots *jour, nuit, pain, vin ?* un tiers ? un quart ? un septième ? Nos grammairiens ont cru sans doute, par distraction, faire une définition d'arithmétique.

DE L'ORIGINE DES DIFFÉRENTES ESPÈCES DE MOTS.

Quand on fait une grammaire française, au moins faut-il savoir parler français. Voici ce que nous lisons, p. 6 :

Il nous a paru qu'*un coup d'œil sur les causes premières de la création des parties du discours,* ou, en d'autres termes, qu'*en remontant aux choses mêmes pour* expliquer les signes appelés à les représenter, ce serait jeter quelque attrait sur une matière aride, et laisser encore sur l'esprit des élèves une impression plus profonde et conséquemment plus profitable.

Obs. — Ces mots *un coup d'œil* et ceux-ci *en remontant aux choses mêmes* ne se rapportent à rien, ou, pour parler en style grammatical, n'étant ni sujets ni compléments, forment une double incorrection, bien inexcusable sans doute en ceux qui n'écrivent que pour donner des préceptes de grammaire.

Nous trouvons une faute du même genre à la p. 21, n. 56.

Les auteurs, après nous avoir parlé de la manière dont se forme le féminin dans les adjectifs, ajoutent :

Cette règle souffre des exceptions de deux classes :

1° Les adjectifs dont le féminin exige la réduplication de la dernière lettre et un *e* muet ; 2° et les adjectifs dont la formation féminine est irrégulière.

DE L'ARTICLE ET DE SON ORIGINE.

P. 7, n. 19. — L'article n'étant pas de toutes les langues, il faut en conclure que, par lui-même, il ne saurait rien exprimer ; c'est à l'invariabilité seule de la terminaison des noms qu'il doit son existence.

Obs. — Est-ce parce que l'article n'est pas de toutes les langues qu'*il ne saurait rien exprimer ?* Ceci ne tient-il pas plutôt à sa nature, qui est d'être nécessairement joint aux noms ? En second lieu est-il vrai que *ce soit à l'invariabilité seule de la terminaison des noms qu'il doit son existence ?* MM. Bonneau et Lucan n'ignorent pas sans doute qu'en grec l'article se trouve uni à la variabilité des noms.

DE L'ORIGINE DU PRONOM.

P. 8, n. 21. — Nos auteurs prétendent que :

L'existence du pronom ne peut être attribuée qu'à une raison d'harmonie.

A la p. 14, ils disent encore que :

Le pronom est un mot inventé pour éviter la répétition du nom.

Obs. — Et nous convenons que les exemples qu'ils citent peuvent rendre cette opinion vraisemblable pour les pronoms de la troisième personne. Mais comment nous feraient-ils croire que ces mots *je*, *me*, *moi*, *nous*, *tu*, *te*, *toi*, *vous*, c'est-à-dire les pronoms de la première et de la seconde personne, ne doivent leur existence qu'à une raison d'harmonie, et que *dans le principe,* comme ils le disent, on employait des noms à la place de ces mots?

DE L'ADVERBE ET DE SON ORIGINE.

P. 12, n. 24. — Nos grammairiens nous disent au sujet de l'adverbe :

Comme cette sorte de mots ne *saurait être ailleurs que près du verbe,* les grammairiens lui ont donné, pour cela, le nom *adverbe,* etc.

Obs. — Comment concilier cette assertion avec la vérité et avec ce que nous disent les auteurs p. 85, n. 210, que « la fonction de l'adverbe est de modifier soit un verbe, soit un *adjectif,* soit un *autre adverbe?*

DE LA PRÉPOSITION ET DE SON ORIGINE.

P. 12, n. 25. — C'est parce que cette sorte de mot se met toujours avant le lieu, le but, le temps; en un mot, *avant les rapports qu'elle sert à exprimer,* qu'on l'appelle préposition, expression formée du mot latin *præ* qui signifie *avant,* ce qui fait position avant, c'est-à-dire *mot* qui occupe *une position, une place avant son rapport.*

Obs. — Ceci n'est ni français ni exact. Si, comme le disent nos auteurs avec tous les grammairiens, c'est la préposition elle-même qui sert à exprimer les rapports des mots, elle ne peut se placer avant ces rapports. Dire qu'un mot se place avant ce qu'il exprime c'est dire une chose qui n'a pas de sens.

DE LA CONJONCTION ET DE SON ORIGINE.

P. 13, n. 26. — MM. Bonneau et Lucan, après

nous avoir dit qu'avant l'invention de la conjonction, « les hommes se trouvaient dans la position d'un constructeur qui a tous les matériaux nécessaires pour édifier, mais qui manque encore de liens et de ciment, » ajoutent :

Outre que la diction *fût* jusque-là décousue et sans grâce, les pensées manquant de liaisons, la communication en était plus laborieuse, et très-souvent le sens plus difficile à saisir.

Obs. — Nous ne croyons pas que l'emploi du subjonctif *fût* après *outre que* soit correct. C'est *était* qu'il aurait fallu employer. C'est ainsi que nos auteurs nous disent, p. 273 :

Outre que les sujets et les attributs *sont* complexes ou incomplexes, etc.

DE L'INTERJECTION.

P. 14. — Ces mots *ha! eh bien! hé quoi! hélas!* que l'on peut considérer pour la plupart comme des cris brusquement jetés, ont reçu, pour ce motif, *le nom interjection*.

Obs. — Cette manière de parler *ces mots ont reçu le nom interjection*, que nos auteurs emploient en plusieurs endroits, ne nous paraît pas plus correcte que celle-ci, qu'ils blâmeraient sans doute : *MM. Bonneau et Lucan ont reçu au baptême les noms Amédée, Paul, Barthélemy*, etc.

P. 15. — L'interjection est le cri que nous *fait* jeter la joie, la douleur, la surprise, l'admiration, etc.

Obs. — MM. Bonneau et Lucan nous disent en plusieurs endroits de leur grammaire que « quand

un verbe a plusieurs sujets, il se met au pluriel. »
Ils devaient donc dire ici *font* et non pas *fait*.

DU NOM.

P. 15, n. 29. — Le nom est le mot par lequel on nomme, par lequel on représente une personne ou une chose. On l'appelle aussi substantif *de ce que* souvent l'objet nommé *représente* une substance.

Cette tournure *on l'appelle.... de ce que* revient presque à chaque page. Ainsi on nous dit, p. 22 :

Les adjectifs *fou, mou, vieux, beau* et *nouveau*, dont le féminin est *folle, molle, vieille, belle, nouvelle*, DE CE QU'au masculin on dit aussi *fol, mol*, etc.

N. 50. — *Du, des, au, aux*, sont appelés articles composés DE CE QU'ils renferment en eux l'un des mots *de, à*.

P. 37. — On nomme aussi le complément régime, *de ce qu'*il est régi par le verbe.

P. 63. — Il y a des verbes qu'on appelle défectifs, *de ce qu'*ils n'ont pas tous leurs temps ou toutes leurs personnes.

P. 85. — C'est *de ce que* le participe exprime l'action dans le moment même où elle était présente qu'on l'appelle présent.

P. 207. — Ce verbe est ici impersonnel DE CE QUE le pronom *il* qui le précède ne se rapporte à rien. Etc., etc.

OBS. — A la place de tous ces *de ce que* c'était *parce que* que nos auteurs devaient employer. Cette locution *de ce que* ne peut s'employer qu'avec les verbes qui expriment une idée de sortie, comme dans cette phrase de nos auteurs :

C'est de cette double fonction, c'est *de ce qu*'elle participe de ces deux natures que cette espèce de mot *tire* son nom de participe.

Nous ferons encore observer qu'il y a aussi une inexactitude dans cette manière de parler :

L'objet nommé *représente* une substance.

C'est le nom ou substantif qui *représente* la substance, mais l'objet ne *représente* pas la substance; il est lui-même la substance. Nous sommes étonné que de pareilles nuances puissent échapper à des grammairiens qui doivent être habitués à réfléchir sur la propriété des termes.

Voici encore, au même endroit, une autre faute du même genre :

Note de la p. 16. — Nous donnerons la préférence au mot nom, parce qu'il peut, sans exception, se dire de tous les noms. L'appellation substantif ne peut recevoir une application aussi générale, attendu qu'*un nombre infini de noms n'*EXISTENT *que dans notre esprit*, et ne représentent aucune substance ; tels sont *désir, pensée, loisir*, etc.

OBS. — Sont-ce les noms qui n'existent que dans notre esprit, ou les objets qu'ils représentent ? Le *loisir* n'existe-t-il que dans notre esprit ?

P. 18. — Les noms terminés en *al* font leur pluriel en *aux*.... Il n'y a que trois exceptions : *Bal, carnaval* et *régal*, dont le pluriel est *bals, carnavals* et *régals*.

OBS. — Voilà un *ne....que* qui est de trop ; car on dit aussi des *cals* (durillons), des *cantals* (fromages), des *nopals* (plantes), des *chacals*, des *servals* (quadrupèdes).

P. 18, n. 44. — *Aïeul* fait *aïeux* DANS DEUX CAS : 1° Lors-

qu'il se dit de ceux qui ont vécu dans les siècles passés :
C'était la mode chez nos *aïeux* ; 2° pour désigner ceux de
qui l'on descend : Ce droit lui vient de ses *aïeux*.

OBS. — N'est-il pas possible de voir un seul cas
là où MM. Bonneau et Lucan en voient deux ? Le
mot *aïeux* ne désigne-t-il pas toujours ceux de qui
nous descendons ?

Mais ce n'est pas le seul cas où nos grammairiens voient deux choses où l'on en peut voir seulement une. Ils nous disent p. 29, n. 84 :

Les adjectifs possessifs remplissent la double fonction
de déterminer tel ou tel objet, et d'exprimer une idée de
possession.

Exprimer une idée de possession et déterminer
ne sont pas deux choses différentes pour les adjectifs possessifs. J'aimerais autant dire que l'adjectif beau remplit une double fonction : 1° Celle
d'exprimer la qualité; 2° celle d'exprimer une idée
de beauté.

DES ADJECTIFS EN *eur*.

P. 22. — Les adjectifs en *eur* formés d'un participe présent par le changement de *ant* en *eur*, font *euse* au féminin.... Il faut cependant en excepter *débiteur* (qui doit),
exécuteur, etc., qui font au féminin débitrice, exécutrice.

OBS. — Le mot *débiteur*, signifiant qui doit, n'est
pas formé d'un participe présent ; c'est le mot *débiteur*, signifiant qui débite, que nos auteurs ont
renvoyé à un autre article quoique c'en fût ici la
place naturelle, puisqu'il a aussi le féminin en
euse et qu'il est formé du participe présent du
verbe *débiter*.

DES COMPARATIFS.

Après nous avoir fait la distinction accoutumée, mais fort inutile, des adjectifs en positifs, en comparatifs et en superlatifs, MM. Bonneau et Lucan ajoutent :

P. 28. — Il y a trois adjectifs qui expriment seuls une comparaison : *meilleur* au lieu de plus bon, *pire* au lieu de plus mauvais, et *moindre* au lieu de plus petit.

Obs. — Les adjectifs : *égal, pareil, semblable, supérieur, inférieur*, n'expriment-ils pas aussi par eux-mêmes une comparaison ?

DES ADJECTIFS DÉTERMINATIFS.

P. 29, n. 82. — Il y a trois sortes d'adjectifs déterminatifs : les adjectifs *démonstratifs*, les adjectifs *possessifs* et les adjectifs *numéraux*.

Obs. — A la p. 33, nos grammairiens nous parlent de mots « qui sont tour à tour pronoms indéfinis et adjectifs, comme *autre, nul, plusieurs, tel, tout.* »

D'après cela, nous demanderons à quelle classe d'adjectifs déterminatifs appartiennent ces mots lorsqu'ils ne sont pas pronoms. Il nous semble qu'ils ne sont ni *démonstratifs*, ni *possessifs*, ni *numéraux*. Nous pouvons étendre cette observation aux adjectifs *même, quelque* et *aucun*, dont nos auteurs parlent à la p. 145, et aux adjectifs *quel, quelconque, certain*, etc., dont ils ne parlent nulle part.

DES VERBES UNIPERSONNELS.

P. 40. — Nos auteurs se servent du terme impersonnel, qui ne nous paraît pas juste, puisque *impersonnel* veut dire qui n'a pas de personne. Puis, après nous avoir dit :

<blockquote>On nomme impersonnel le verbe qui n'a dans tous ses temps que la troisième personne du singulier.</blockquote>

Ils distinguent deux sortes de verbes impersonnels, les impersonnels *essentiels* et les impersonnels *accidentels*, et ajoutent :

<blockquote>Nous nommerons impersonnels accidentels ceux qui, pouvant se conjuguer à toutes les personnes, ont pour sujet le pronom *il*, lorsque ce pronom ne se rapporte à rien : *Il est arrivé deux dames*, etc.; *il se passe des choses bien étranges*, etc.</blockquote>

Obs. — Voilà une définition et une distinction si cohérentes que nous pouvons en conclure que tout à la fois ces derniers verbes sont et ne sont pas impersonnels. Ils sont impersonnels puisqu'ils sont précédés du pronom *il ne se rapportant à rien*; et ils ne sont pas impersonnels puisque, d'après la définition de nos auteurs, un verbe impersonnel est celui *qui n'a dans tous ses temps que la troisième personne du singulier,* et que ceux-ci ont toutes leurs personnes et tous leurs temps.

Nous ferons observer en outre que MM. Bonneau et Lucan mettent *il pleut* au nombre des verbes essentiellement impersonnels, quoiqu'on dise très-bien : Les flèches, les traits, les coups de mousquet *pleuvaient* de toutes parts.

―――

DU VERBE *être.*

P. 41. — Lorsque le verbe *être* n'est point auxiliaire, il prend le nom de verbe substantif; alors il signifie *exister*; Dieu s'appelle celui qui *est*; cet homme n'*est* plus.

Obs. — Il est très-vrai que dans ces deux exemples le verbe *être* signifie *exister*, et qu'il n'est point auxiliaire; mais est-ce là le cas où il peut s'appeler *substantif*? Nous ne le croyons pas. Ici, le verbe est neutre et attributif comme le verbe exister dont il tient la place. C'est lorsque le verbe *être* ne fait qu'unir l'attribut au sujet qu'il peut être nommé verbe substantif ou simple, comme dans ces phrases citées par nos grammairiens, p. 108: « La terre *est* fertile; les gens oisifs *sont* le fléau des gens occupés. »

DU MODE INDICATIF.

P. 42, n. 144. — L'indicatif exprime une action *sûre*, *certaine*, soit que cette action se fasse présentement, soit qu'elle se trouve faite ou qu'elle soit à faire.

Obs. — Voici des phrases où l'on se sert du mode indicatif pour exprimer une action qui n'est rien moins que *sûre*, *certaine*. Je *partirai* demain s'il fait beau. Nous *reviendrons* dans trois jours si vous ne nous écrivez pas de rester. Je *doute*; je *crains*; vous *hésitez*, etc.

VERBES SOUS LA FORME INTERROGATIVE.

P. 60. — Au nombre des temps conjugués interrogativement, nos auteurs mettent le second conditionnel passé :

Eussé-je terminé? eusses-tu terminé? eussions-nous terminé? etc.

Et à la page suivante ils ajoutent :

Il est particulier aux verbes *avoir* et *devoir* d'exprimer, sous une forme qui a quelque rapport avec la forme interrogative, un conditionnel par *eussé-je? Eussé-je tort*,

doit-il me traiter ainsi? c'est-à-dire quand j'aurais tort ;
dussé-je périr moi-même, j'essaierai de sauver ce malheureux, c'est-à-dire quand je devrais périr.

Obs. — Nous remarquons ici une grosse méprise. Le second conditionnel passé s'emploie rarement interrogativement ; et cette forme *eussé-je terminé,* etc., qui peut quelquefois pourtant être interrogative, a fait prendre à nos auteurs un temps pour un autre. Dans ces phrases : *Eussé-je tort, doit-il me traiter ainsi? Dussé-je périr moi-même, j'essaierai de sauver ce malheureux,* ce n'est point le conditionnel qui se trouve employé, mais bien l'imparfait du subjonctif. Ces mots *eussé-je tort, dussé-je périr,* équivalent à ceux-ci : *Je suppose que j'eusse tort, je suppose que je dusse périr.*

DES VERBES PASSIFS.

P. 80. — Les verbes passifs ne sont rien autre chose que le verbe être auquel on ajoute le participe passé d'un verbe actif, comme *être aimé, être fini, être reçu, être rendu.*

Obs. — Cette définition, qui se trouve partout, nous semble manquer de justesse en ce qu'elle tend à faire regarder comme verbe passif tout participe passé d'un verbe actif précédé du verbe *être.* Ce qui n'est pas vrai. Car pour qu'un verbe soit passif, il faut encore qu'il y ait un complément exprimé ou sous-entendu, et qu'il s'agisse d'une action faite par le complément. Voici des phrases où il n'y a pas de verbe passif, quoiqu'on y trouve un participe passé d'un verbe actif précédé du verbe être : *Son âme est abattue; je* SUIS DÉLAISSÉ; *vous* ÊTES COMPROMIS *dans cette affaire; nous* SOMMES

DÉSESPÉRÉS *de ne pouvoir vous être utiles en cette circonstance ; les nuages* SONT DISSIPÉS, etc., etc. Ces mots *abattue, délaissé, compromis, désespérés, dissipés*, ne sont que des adjectifs qui servent à exprimer la situation du sujet.

DES ADJECTIFS PRIS ADVERBIALEMENT.

P. 86. — Au nombre des phrases que citent MM. Bonneau et Lucan comme exemples d'adjectifs pris adverbialement, nous lisons celle-ci :

Elle est redoutée à l'*égal* du tonnerre.

Où nos auteurs prétendent que l'adjectif *égal* modifie le verbe.

OBS. — Nous croyons qu'il y a ici erreur, et que l'adjectif *égal* forme avec *à* et *de* renfermé dans *du* une locution prépositive.

DE L'*e* FERMÉ.

P. 101. — L'accent aigu se met sur tous les *e* fermés, soit qu'ils occupent le commencement, le milieu, ou la fin des mots.... Remarquez cependant que quand les lettres *d, r, z* sont finales et précédées d'un *e*, elles donnent à cet *e* un son fermé sans le secours de l'accent.

OBS. — Voici une règle fausse, car dans *espérer, désespérer, effrayer, exemple*, etc., les *e* qui précèdent l'*s*, l'*f* et l'*x* ont le son fermé quoiqu'ils ne puissent être marqués de l'accent aigu. Pour qu'un *e* fermé ou ouvert puisse prendre l'accent aigu ou grave, il faut, comme nous l'avons dit ailleurs, qu'il se trouve à la fin d'une syllabe. Seulement l's final n'empêche pas l'emploi de l'accent.

DE LA PHRASE.

P. 107, n. 263. — On nomme *phrase* l'assemblage des mots dont on se sert pour exprimer une idée; comme quand on dit : *Dieu est bienfaisant, donc il est bon.*

Obs. — Cette définition n'est pas exacte, car il y a toujours plusieurs idées dans une phrase. Une phrase est un assemblage de mots dont le sens est complet.

DE LA PROPOSITION.

P. 107, n. 264. — Il y a dans une phrase autant de propositions qu'il s'y rencontre de verbes à un mode personnel.

Obs. — Ce moyen mécanique que nous donnent MM. Bonneau et Lucan, avec d'autres grammairiens, pour reconnaître le nombre des propositions d'une phrase, n'est pas un guide bien sûr; MM. Bonneau et Lucan nous en fourniront eux-mêmes la preuve; car, à la page 117, en analysant cette phrase :

L'homme, qui tient tout de Dieu, qui ne respire que par lui, l'oublie souvent, et le méconnaît quelquefois.

Ils font une proposition unique de ces mots : *L'homme l'oublie souvent et le méconnaît quelquefois*, quoiqu'il s'y trouve deux verbes à un mode personnel. Dans cette phrase :

Un homme de mérite ne salue, ne s'assied, ne crache, ni ne se mouche comme un sot.

La première proposition contient quatre verbes à un mode personnel, elle se compose de ces mots : *Un homme de mérite ne salue, ne s'assied, ne* crache, ni ne se mouche. C'est encore MM. Bonneau et Lucan qui nous le disent, à la page 118.

DE LA PROPOSITION IMPLICITE.

P. 114, n. 289. — La proposition est implicite toutes les fois que sans dépendre de nulle autre, et sans les montrer en termes exprès et formels, elle renferme néanmoins les trois parties constitutives.... C'est à *tort* qu'on a rangé dans la classe de la proposition implicite d'autres propositions essentiellement elliptiques, comme celles qui résultent des adverbes *oui* et *non*.

Obs. — Quelquefois *oui* et *non* forment une proposition qui ne dépend de nulle autre, comme dans cette phrase : *Non, vous n'avez pas tort;* et dans ce vers de L. Racine :

Oui, c'est un Dieu caché que le Dieu qu'il faut croire.

Oui et *non* ne forment-ils pas alors des propositions implicites ?

DE LA PROPOSITION INCIDENTE.

P. 117. — En analysant cette phrase : « L'homme, qui tient tout de Dieu, qui ne respire que par lui, l'oublie souvent, et le méconnaît quelquefois. » MM. Bonneau et Lucan nous disent que ces deux propositions : *Qui tient tout de Dieu, qui ne respire que par lui,* sont des propositions incidentes parce que *par elles-mêmes elles n'ont pas un sens complet.*

Obs. — Mais si à cette marque on distingue sûrement les incidentes, il s'ensuivra que dans ces phrases citées par nos auteurs :

Ceux qui ont été gratifiés des dons de la nature l'outragent en ne les cultivant pas. Les astronomes nous apprennent que la lune est éloignée de quatre-vingt-dix mille lieues de la terre, etc.

Ces deux propositions *ceux.... l'outragent en ne les cultivant pas, les astronomes nous apprennent*, qu'ils nous donnent comme principales, devraient être appelées incidentes puisque par elles-mêmes elles n'ont pas un sens complet.

Même page, nos auteurs nous disent, à propos d'une autre proposition, qu'elle est principale, parce que *par elle-même elle exprime une idée complète*.

Ce que nous venons de dire prouve que cette assertion n'est pas plus vraie que l'autre, puisqu'il arrive souvent que la proposition principale n'a pas un sens complet.

P. 119. — MM. Bonneau et Lucan prétendent que dans cette proposition : *Quand vous viendrez nous voir*, l'attribut *venant* est complexe, parce qu'il a pour complément *quand* et *nous voir*.

Obs. — La conjonction *quand* ne peut être regardée comme complément. La conjonction n'est que le lien qui unit les propositions.

DES NOMS PROPRES.

P. 122, n. 304. — Les noms propres ne prennent la marque du pluriel que quand ils sont employés comme noms communs, c'est-à-dire lorsqu'on les donne à des personnes qui ressemblent par le mérite, les vertus ou les vices à ceux qui les ont portés.

Obs. — MM. Bonneau et Lucan se sont donc

trompés p. 134, en écrivant *l'ancienneté des Bourbons, le règne des Stuarts*. Ou bien n'est-ce pas plutôt leur règle qui est inexacte?

Ils nous disent encore, quelques lignes plus bas, qu'il faut écrire avec le signe du pluriel : *Les Césars seront toujours rares*. Nous croyons que chaque fois que ce mot est employé au pluriel, il doit prendre un *s*, et qu'on doit écrire : *Les Césars régnaient à Rome; les douze premiers Césars*, quoiqu'il représente les personnes mêmes ainsi appelées.

DU SUBSTANTIF *bonheur*.

P. 123, n. 310. — Au nombre des noms qui ne s'emploient qu'au singulier, nos grammairiens placent le mot *bonheur*.

Obs. — Ce mot s'emploie souvent fort élégamment au pluriel; comme dans cette phrase de Marivaux : « De combien de petits *bonheurs* l'homme n'est-il pas entouré? » Et dans celle-ci de Mme de Sévigné : « Il a certains petits *bonheurs* qui n'appartiennent qu'à lui. »

DES COLLECTIFS.

P. 124, n. 313. — Après avoir fait la distinction ordinaire de ces sortes de mots en collectifs généraux et en collectifs partitifs, nos auteurs ajoutent :

Il importe de s'approprier cette distinction, attendu que le collectif général est le mot essentiel de la phrase, c'est-à-dire celui auquel se rapportent l'adjectif, le pronom, le verbe et le participe ; tandis que le collectif partitif n'y a *aucune importance*, sa valeur correspondant *toujours* à l'un des adverbes peu, beaucoup.

Obs. — Si nos auteurs veulent être convaincus de l'inexactitude de cette règle, toute pareille à celle des trente premières éditions de la *Grammaire de Noël et Chapsal*, ils n'ont qu'à lire la correction que ces derniers en ont faite dans leur dernière édition. Ils y verront que le collectif partitif n'est pas toujours *sans importance*, et qu'il peut quelquefois déterminer l'accord du verbe ou de l'adjectif. (*V. p.* 173.)

DU RAPPORT DE L'ADJECTIF.

P. 136, n. 353. — Un adjectif marquant en général une qualité n'entre régulièrement dans une phrase qu'autant qu'il y existe un objet auquel cette qualité soit attribuée. La même règle s'applique au participe présent.... Ce serait s'exprimer irrégulièrement que de dire : *Depuis longtemps occupé de grands travaux, sa fortune s'est accrue considérablement*, parce qu'il n'existe dans la phrase aucun mot auquel se rapporte *occupé*.

Obs. — Il n'est pas vrai que dans la phrase citée *il n'existe aucun mot auquel se rapporte occupé;* ce mot se trouve renfermé dans *sa*, qui équivaut à *de lui*. Nous engageons donc MM. Bonneau et Lucan à imiter MM. Noël et Chapsal et à réformer, comme eux, cette règle dans leur prochaine édition. Peut-être ne feront-ils pas mal aussi de corriger cette phrase de la p. 191 de leur grammaire où leur règle se trouve manifestement violée :

Il est des verbes actifs, des passifs, des neutres et des pronominaux, qui deviennent impersonnels : c'est lorsqu'*étant précédés* du pronom *il*, ce pronom ne se rapporte à rien.

DES MOTS SYNONYMES.

P. 137, n. 361. — Comme exemples de noms synonymes qui, par conséquent, demandent l'accord de l'adjectif avec le dernier, nous lisons cette phrase :

Nous eûmes pendant quelques jours un souci, une anxiété, une inquiétude mortelle.

Obs. — Cette phrase nous paraît de mauvais goût : *anxiété*, étant beaucoup plus énergique que *inquiétude*, devrait terminer l'énumération ; et alors la raison pour laquelle l'adjectif devra se mettre au singulier sera plutôt la gradation que la synonymie.

ADJECTIFS UNIS PAR *ou*.

P. 138, n. 364. — L'adjectif se met au singulier lorsque les noms sont unis par la conjonction *ou* : *Il faut une force ou une adresse bien* RARE *pour sortir de cette difficulté*. Ce qui motive ici le singulier, c'est que la conjonction *ou* exclut l'un des noms ; en effet, la phrase ne dit pas qu'il faut une force et une adresse réunies, mais seulement l'une ou l'autre.

Obs. — Très-bien, MM. Bonneau et Lucan ; mais pourquoi nous dites-vous, p. 158, à propos de plusieurs sujets unis par la conjonction *ou*, que :

Lorsqu'il s'agit de faits généraux, d'une sorte de maxime, *ou* a la valeur de *et* ; et que le verbe alors s'accorde avec tous les sujets et non avec un seul ?

Ne peut-il pas être aussi question de *faits généraux, d'une sorte de maxime* avec les adjectifs, comme dans cette phrase de Voltaire : « Quel est le bon père de famille qui ne gémisse de voir son fils ou sa fille *perdus* pour la société? »

NU, DEMI.

P. 138, n. 365. — Après nous avoir dit que ces mots *nu*, *demi*, *excepté*, *supposé*, *compris*, *passé*, placés avant les noms, sont invariables, et nous avoir cité ces exemples : NU-*tête*, DEMI-*heure*, EXCEPTÉ *ces dames*, SUPPOSÉ *telle circonstance*, nos grammairiens ajoutent :

Une raison d'harmonie seule a donné lieu à ces exceptions.

OBS. — Nous ne pouvons concevoir quelle raison d'harmonie défendait d'écrire NUE-*tête*, DEMIE-*heure*, EXCEPTÉS *nous*, SUPPOSÉS *ces faits*. Si l'harmonie était la seule raison, il devrait être seulement défendu d'employer ces derniers mots au féminin. Quant à *excepté*, au lieu d'expliquer par l'harmonie son invariabilité devant le substantif, n'est-il pas mieux de dire qu'il a alors le sens d'une préposition, de *hors*, *hormis* ? Ne peut-on pas dire aussi que *supposé* reste invariable parce qu'il a le sens d'une proposition : *supposé* ces faits, c'est-à-dire si *l'on suppose* ces faits ?

DU MOT *mille*.

P. 141, n. 377. — De tous les adjectifs de nombres (1),

---

(1) C'est sans doute par une faute de typographie que le mot *nombre* se trouve écrit au pluriel.

Il n'y a que *vingt*, *cent*, et MILLE, qui soient susceptibles de prendre la marque du pluriel.

Obs. — Cette manière de parler est inexacte, car *mille*, adjectif de nombre, ne prend pas plus la marque du pluriel que *quatre*, *trente*, et les autres adjectifs numéraux. Il n'est susceptible de ce signe que quand il exprime *une mesure itinéraire*.

Son, *sa*, *ses*, *leur*, REMPLACÉS PAR *en*.

P. 143, n. 385. — Lorsque l'objet possesseur est un nom de chose, l'emploi de *son*, *sa*, *ses*, ne peut avoir lieu que dans deux cas : 1° lorsque cet objet possesseur est le sujet de la même proposition ; 2° lorsque l'objet possédé est le régime d'une préposition.

D'après ces règles, nos auteurs qui nous permettent de dire *ces roses ont conservé* LEUR *fraîcheur*, prétendent qu'on ne *pourrait* dire : « *Il n'y a qu'un instant que j'ai cueilli ces fleurs, et déjà* LEUR *fraîcheur a disparu.*

Obs. — Quant à nous, malgré la prohibition de nos grammairiens, nous trouvons tout aussi correct de dire dans cette dernière phrase *déjà* LEUR *fraîcheur a disparu* que *déjà la fraîcheur* EN *a disparu*. (*V*. p. 158.)

Même ADVERBE.

P. 144. — *Même* est adverbe lorsqu'il est après plusieurs noms : *les riches, les princes, les rois* MÊME *ont des peines*. Ici *même* signifie *aussi*.

Obs. — Nous avons fait voir ailleurs que *même* peut signifier *aussi* après un seul nom comme après plusieurs ; et qu'après plusieurs il est quelquefois adjectif. A l'exemple que nous avons cité pour ce dernier cas, nous ajouterons cette phrase de Drouineau : « N'est-elle pas la douceur et la bienveillance *mêmes?* » (*V. p.* 159.)

Quelque DEVANT UN ADJECTIF.

P. 143. — Si l'adjectif qui suit *quelque* n'est pas immédiatement suivi de *que, quelque*, alors, est regardé comme adjectif.

OBS. — Nous avons encore fait ressortir ailleurs cette inexactitude grammaticale. *Quelque* serait adverbe dans cette phrase : QUELQUE *bons grammairiens que soient MM. Bonneau et Lucan, ils ont commis bien des erreurs.* (*V. p.* 160.)

Le, la, les, EN RAPPORT AVEC UN NOM.

P. 149, n. 404. — *Le, la, les*, en rapport avec un nom n'en prennent le genre et le nombre que quand ce nom est déterminé. Un nom commun n'est déterminé que quand il est précédé de l'article ou de l'un des déterminatifs *mon, ton, ce, cet*, etc.

OBS. — Encore une inexactitude à laquelle nous avons répondu ailleurs, en faisant voir qu'il y a des cas où *le* reste invariable quoiqu'en rapport avec un nom déterminé, comme dans cette phrase de Voltaire : « *Aigues-Mortes, Fréjus, Ravenne, ont été* DES PORTS *de mer, et ne* LE *sont plus aujourd'hui.* »

PRONOMS EN RAPPORT AVEC UN NOM INDÉTERMINÉ.

P. 150. — C'est encore parce que le nom n'est point déterminé, c'est-à-dire parce qu'il n'est point précédé de l'article ni de l'un des déterminatifs, *mon*, *ton*, *ce*, *cet*, etc.; qu'on ne peut dire *il leur a* FAIT GRACE, *et nous* LA *refuse*; *il vous rend bien* JUSTICE *sous tel rapport, mais il ne vous* LA *rend pas sous tel autre*. Alors *grâce* et *justice* ne sauraient avoir de rapport avec des pronoms, etc.

OBS. — MM. Bonneau et Lucan qui ici, comme en bien d'autres endroits, ont adopté la règle de Noël et Chapsal, n'ont pas apparemment lu la 33ᵉ édition de ces deux derniers grammairiens, où ils ont essayé de réformer cette règle erronée (*v. p.* 161); s'ils n'en sont venus à bout qu'imparfaitement, au moins ont-ils abandonné le principe vicieux que nous enseignent ici MM. Bonneau et Lucan : *Qu'un pronom ne saurait être en rapport avec un substantif non précédé d'un déterminatif*, principe d'après lequel les phrases suivantes, quoique très-correctes, seraient vicieuses :

« Il faut être bien dénué *d'esprit*, si l'amour, la malignité, la nécessité n'*en* font pas trouver. » (*La Bruyère*.)

« On leur donna *passage* en quelques endroits, ils se *le* firent en d'autres. » (*Fléchier*.) (V. p. 161.)

Rien PRIS SUBSTANTIVEMENT.

P. 156. — *Rien* est le plus souvent pronom indéfini. *Rien* est nom commun lorsqu'il signifie *chose de nulle importance*; alors il prend le signe du pluriel : *S'amuser à des* RIENS, *grand diseur de* RIENS.

OBS. — Cette observation tendrait à faire croire

que *rien*, pris comme nom, ne peut être employé au singulier, ce qui n'est pas vrai :

Une ombre, *un rien*, tout lui donnait la fièvre. (*La Font.*)

SUJETS UNIS PAR *ou*.

P. 158. — Lorsqu'il s'agit de faits généraux, d'une sorte de maxime, *ou* a la valeur de *et*; le verbe alors s'accorde avec tous les sujets, et non avec un seul. *La peur* ou *la misère* ONT *fait commettre bien des fautes.* (Acad.)

OBS. — MM. Bonneau et Lucan devaient donc, d'après cette règle, employer le pluriel dans les phrases suivantes où ils se servent du singulier, quoiqu'il s'y agisse d'une *sorte de maxime :*

« Un nom *ou* un pronom *peut* être régi par plusieurs verbes. » (*Gramm.*, p. 162.)

« En général, il est mieux, lorsqu'un adjectif *ou* un verbe *a* plusieurs régimes unis par une des conjonctions *et, ni, ou*, d'exprimer ces régimes par des mots de même espèce. » (*Id.*, p. 165.)

PRONOM *ce* SUIVI DU VERBE *être*.

P. 160. — Le verbe *être*, précédé de *ce*, ne se met à la troisième personne du pluriel que lorsqu'il est immédiatement suivi d'un nom pluriel ou d'un pronom de la troisième personne du pluriel.

OBS. — Encore une inexactitude que nos grammairiens ont puisée dans leurs modèles, Noël et Chapsal.

On peut dire avec Condillac : « Quelles sont les trois vertus théologales ? Ce *sont* la foi, l'espérance et la charité. » (*V. p.* 165.)

INCORRECTION AU SUJET D'UNE CITATION.

Gram., p. 163. — Pour redresser ces phrases de Wailly : « Croyez-vous pouvoir ramener ces esprits égarés par la douceur; les maîtres qui grondent ceux qui les servent avec emportement sont les plus mal servis. » Il faut placer, etc.

Obs. — Nous voyons une incorrection dans cette expression *ces phrases de Wailly;* cette manière de parler ferait entendre que Wailly a écrit ces phrases comme correctes, tandis qu'il ne fait que les citer pour être corrigées. Nos auteurs auraient dû dire : *Ces phrases citées par Wailly.*

Lui, leur, MIS POUR *le, les.*

P. 164. — L'usage a quelquefois substitué, *mais à tort*, le régime indirect *lui, leur*, au régime direct *le, les*, dans les phrases du genre de celles-ci :

Je LUI *ai vu faire des tours qui me le font mépriser. Je* LEUR *ai entendu dire des choses fort inconvenantes sur votre compte.*

Il faut dire : *Je* L'*ai vu*, etc..... En n'employant pour tous les cas que *lui, leur*, on donnerait fréquemment à la phrase un sens double. Que quelqu'un, par exemple, nous dise : *Je* LUI *ai vu faire des offres avantageuses*, nous ne saurons si la personne dont il est question a fait les offres, ou si c'est à elle qu'on les a faites.

Obs. — MM. Bonneau et Lucan ont-ils fait une faute dans cette phrase qu'ils nous citent comme exemple à la page 202 : *Il s'est dit le maître de ces objets, et on les* LUI *a laissé prendre?* Nous ne le croyons pas; il serait même bien difficile d'y substituer le pronom *le* au pronom *lui*. Ce n'est donc pas toujours *à tort* qu'on emploie *lui, leur*, pour *le, les.*

Quant à l'équivoque dont ils nous parlent, elle peut exister même avec le pronom *le*, *les*. Nous n'en voulons encore pour preuve que cette phrase de nos grammairiens : *Sophie ayant voulu vous faire une lettre, je* L'*ai laissée écrire*. Le pronom *l'* ne peut-il pas s'entendre de la lettre comme de la demoiselle ? Il est vrai que dans la première supposition le participe *laissée* s'écrirait *laissé* ; mais qu'on emploie un autre temps du verbe *laisser*, l'équivoque subsistera, et ne pourra plus être reconnue par l'orthographe.

DE LA CONJONCTION *que*.

P. 176. — *Que* veut le subjonctif lorsqu'il s'emploie pour éviter la répétition des conjonctions *si*, A MOINS QUE, AVANT QUE, *afin que*, *quoique*, *soit que*, *sans que*.

Au nombre des exemples, nous lisons ces deux-ci :

Il ne paiera pas QU'*on ne l'y contraigne*, c'est-à-dire *à moins qu'*on ne l'y contraigne.

Il ne partira pas QU'*il n'en ait reçu l'ordre*, c'est-à-dire *avant qu'*il n'en ait reçu l'ordre.

OBS. — Dans ces deux phrases, la conjonction *que* n'est pas employée *pour éviter la répétition* des conjonctions *à moins que*, *avant que* ; mais elle en tient la place ; et comme ces conjonctions exigent le subjonctif, il n'est pas étonnant que la conjonction *que*, qui a le même sens, demande le même mode.

A propos de l'emploi du mode subjonctif, nous

ne ferons certes pas à MM. Bonneau et Lucan le même reproche qu'à MM. Noël et Chapsal, celui de n'avoir pas assez développé leurs règles. Ce serait plutôt le reproche contraire que nous serions tenté de leur faire ; car nous craignons bien que les onzes pages de règles avec leurs exceptions qu'ils nous donnent dans leur grammaire ne soient plus propres à embrouiller qu'à éclairer les élèves. Peut-être est-il inutile de chercher à leur mettre en main un fil pour les guider à travers ce labyrinthe ; l'attention au sens et l'étude des phrases sont peut-être les seuls moyens à employer pour ce genre de difficultés.

DE L'INFINITIF.

P. 184. — Un infinitif, précédé d'une préposition, doit se rapporter sans équivoque, soit au sujet, soit au régime direct, soit au régime indirect du verbe qui le précède, qui le régit.... On ne pourrait dire : *Ce plat est servi pour* MANGER, etc.

OBS. — Par cette règle, MM. Bonneau et Lucan condamnent une de leurs phrases, que nous lisons à la page 191 :

En disant *nous nous sommes souvenus de cela*, je me sers d'un verbe pronominal essentiel, parce que, pour le CONJUGUER, il faut indispensablement deux pronoms de la même personne.

Ici l'infinitif *conjuguer* ne se rapporte ni au sujet ni au régime du verbe. Cependant la phrase ne nous paraît pas vicieuse ; c'est la règle de nos grammairiens qui nous semble énoncée trop rigoureusement.

Ainsi il n'y a pas l'ombre de l'incorrection dans

cette phrase de Voltaire, quoique l'infinitif ne s'y rapporte non plus ni au sujet ni au régime du verbe :

« Pour *rendre* cet événement plus sensible, il est nécessaire de donner quelque idée de l'Inde. »

DE L'ADJECTIF VERBAL.

P. 186. — L'adjectif verbal *n'a pas de régime.*

Obs. — MM. Bonneau et Lucan ont donc oublié ces phrases citées par Noël et Chapsal au chapitre de l'adjectif verbal : *Voyez sa figure* RUISSELANTE DE SUEUR ; *voyez-vous ces feuilles* DÉGOUTTANTES DE ROSÉE ? (*V. p.* 37.)

DU VERBE ACTIF.

P. 187. — On appelle actif tout verbe qui peut avoir un régime direct. Or, on reconnaît qu'un verbe est actif quand il peut être suivi des mots *quelqu'un, quelque chose.* Ainsi aimer, étudier, chérir, faire, concevoir, etc., sont des verbes actifs, car on peut dire aimer *quelqu'un*, étudier *quelque chose*, etc.... Un verbe actif conjugué avec *avoir* reste toujours *actif* (pas d'exception). Un verbe actif, conjugué avec *être*, est tantôt actif et tantôt passif; il est actif si le sujet fait l'action, et passif si le sujet ne fait pas l'action.

Obs. — Ce moyen de reconnaître un verbe actif est propre à induire souvent les élèves en erreur. Lorsque je dis : *Il* ÉTUDIE *avec ardeur ; il a* CHANGÉ *de conduite, et il* A *bien* FAIT; *il* CONÇOIT *lentement, mais* RETIENT *long-temps.* Les verbes que j'emploie sont neutres, au moins dans le sens que l'entendent MM. Bonneau et Lucan, et pourtant on peut dire étudier quelque chose; changer quelque chose; faire quelque chose; concevoir et retenir quelque chose; c'est donc l'absence du complément direct qui seule peut guider d'une manière sûre (1). Comment nos auteurs ont-ils donc pu dire qu'un verbe actif conjugué avec *avoir* reste toujours actif, et qu'*il n'y a pas d'exception?*

En second lieu, comment un élève saura-t-il concilier ce que nos grammairiens disent ici qu'*un verbe actif conjugué avec* ÊTRE *est tantôt actif et tantôt passif* avec ce qu'ils lui ont dit, p. 165, que *les verbes actifs se conjuguent tous avec* AVOIR ?

A la suite de ce que nous venons de citer, nous remarquons une singulière manière de parler : à propos de ces deux phrases citées par nos auteurs : *J'ai embrassé ma mère; ces enfants se sont occupés;* ils ajoutent :

Embrassé vient du verbe actif embrasser quelqu'un, *occupés* vient du verbe actif occuper quelqu'un.

A la page 111, nous avons déjà remarqué cette bizarre locution :

Dans *Dieu, qui est juste, rendra à chacun selon ses œuvres,* la principale est *Dieu rendra,* etc.

---

(1) Nos auteurs auraient donc pu se dispenser d'entrer dans tant de détails pour nous apprendre, p. 205, 206, 207 et 208, dans quels cas *courir, jouer, mêler, accorder, passer, porter, rentrer, sortir, taire, tourner, servir,* sont actifs ou neutres, ajoutant qu'*il leur eût été facile de décupler ces exemples.* Sans doute. Il leur eût même été facile de copier une partie du dictionnaire; mais nous croyons que la chose eût été fort inutile. Un élève un peu exercé à l'analyse saura, au premier abord, distinguer un verbe actif.

A la page 207, elle se trouve reproduite avec l'éternel *de ce que :*

Servir enfin devient impersonnel, comme dans *il a été servi à sa table des mets fort recherchés.* Ce verbe est ici impersonnel *de ce que* le pronom *il* qui le précède ne se rapporte à rien.

Obs. — Nous demanderons maintenant si c'est avec un pareil jargon qu'on prétend habituer les élèves à un style pur et correct.

———

C'est avant de nous donner les règles des participes que MM. Bonneau et Lucan ont cru devoir consacrer quatre grandes pages à nous rappeler avec de grands détails cette distinction des verbes en actifs, en passifs, en neutres, en pronominaux et en impersonnels, ajoutant une note ainsi conçue :

P. 188. — Nous ne saurions trop engager les maîtres à *exiger* que leurs élèves sachent distinguer imperturbablement chaque verbe par son espèce, attendu que l'étude des participes ne consiste guère qu'à savoir faire cette distinction.

Obs. — Il paraît qu'ici, comme en bien d'autres circonstances, on peut arriver au même but par deux chemins différents ; car, depuis un assez bon nombre d'années que nous enseignons, nous apprenons à nos élèves les règles des participes sans jamais *exiger* d'eux qu'ils s'occupent pour ces règles de la distinction si nécessaire. Nous avouerons même qu'il s'en faut que nous trouvions la marche de nos grammairiens la plus claire et la plus facile. Quand il n'y aurait que cette confusion qu'ils ont faite des verbes pronominaux avec les verbes actifs ou neutres, cela seul nous paraîtrait propre à dérouter l'élève.

PARTICIPE PRÉCÉDÉ DE *en*.

P. 195. — Tout participe qui n'a d'autre rapport qu'avec le régime indirect *en* reste invariable.... On dira : *Combien de livres j'ai achetés! combien j'EN ai LU! Combien de lettres il a reçues! combien il EN a écrit lui-même?*

OBS. — Nous avouerons, comme nous l'avons déjà dit ailleurs, que dans ces sortes de phrases l'application de cette règle nous a toujours paru bizarre. Lorsque je dis : *Combien de livres j'ai lus*, je suis obligé de faire accorder le participe *lus* avec le mot *livres* qui le précède; mais lorsque, pour éviter la répétition de ce nom, j'emploie le pronom *en*, en disant : *Combien j'en ai lus*, le sens de ma phrase a-t-il changé le moins du monde? Pourquoi donc dans ce cas m'obliger à laisser le participe invariable? Nous croyons donc, avec plusieurs lexicographes modernes, que dans ces sortes de phrases le participe doit s'accorder.

PARTICIPE EN RAPPORT AVEC *le*.

P. 204. — *L'* est pronom *relatif* ou pronom *elliptique*. Il est relatif lorsqu'il représente un nom : *J'ai rencontré ma tante, et L'ai embrassée*.... *L'* est pronom elliptique quand il représente un membre de phrase.

OBS. — *L'* est pronom *relatif* ou pronom *elliptique*. Mais *l'* est aussi article apparemment. En outre, si je cherche le chapitre des pronoms dans la grammaire de MM. Bonneau et Lucan, je ne trouve pas le pronom *le* dans la classe des pronoms relatifs, mais bien dans celle des pronoms personnels. C'est donc encore là une de ces inexactitudes propres à jeter de la confusion dans la tête des élèves.

En second lieu est-il bien exact de dire que, dans le second emploi, le pronom *le* est elliptique. Lorsque, à la page 222, l'élève aura appris qu'il y a ellipse quand il y a des mots sous-entendus, comment pourra-t-il voir une ellipse dans les phrases qu'on lui cite ici, p. 204 : *Cette demoiselle est plus instruite que je ne l'avais pensé; l'affaire a été terminée comme vous l'aviez prévu?* Il verra bien ici un pronom signifiant *cela*, un pronom représentant un membre de phrase ; mais où sont les mots sous-entendus, et, par conséquent, l'ellipse ? Si cette dénomination d'*elliptique* convenait ici au pronom *le*, elle ne serait pas moins juste pour tous les autres pronoms.

QUANT A, QUAND.

P. 218. — *Quant à* est une préposition.... *Quand* est un adverbe qui signifie *lorsque, dans le temps que*, etc. *On était à table* QUAND *il arriva*.

OBS. — Un mot qui signifie *lorsque* ne peut être un adverbe, puisque *lorsque* est une conjonction. Aussi, consultons la liste des conjonctions, p. 90, nous trouverons ces deux mots dans la liste des conjonctions, et nous ne les verrons pas dans celle des adverbes, qu'on nous donne à la page précédente. Comment d'ailleurs nos auteurs n'ont-ils pas remarqué que dans cette phrase : *On était à table* QUAND *il arriva, quand* ne modifie aucun mot, mais unit simplement les deux propositions ?

VOICI, VOILA.

P. 219. — *Voici, voilà*, servent pour montrer les personnes et les choses; mais avec cette différence que *voici* désigne celles qui sont plus proches de celui qui parle, et *voilà*, celles qui sont plus éloignées : Voici *mon chapeau*, *et* voilà *le vôtre*.

Obs. — D'où les élèves concluront que quand on ne montre rien, on peut employer indifféremment *voici* ou *voilà*; ce qui est une erreur; puisque, comme on le remarque avec raison, *voici* a rapport à ce qui suit, et *voilà* à ce qui précède, et qu'en outre ce dernier mot convient mieux dans les phrases qui demandent de l'énergie. Sans doute MM. Bonneau et Lucan blâmeraient celui qui dirait en parlant d'une de leurs règles et avant de la citer : Voilà *ce que disent MM. Bonneau et Lucan*; et après l'avoir citée : Voici *la règle de MM. Bonneau et Lucan*. Cette différence nous semble plus importante à remarquer que celle dont ils nous parlent, et qui se déduit de la seule décomposition de voici (*vois ici*) et de voilà (*vois là*).

ET, NI.

P. 220. — *Et, ni*, servent également à lier les phrases; avec cette différence que et *ne se met qu'*après une proposition affirmative; et ni *après* une proposition négative.

Obs. — Nous avons cité ailleurs des phrases où la conjonction *et* se trouve correctement après une négation. (*V. p.* 182.) En voici deux autres où *ni* se trouve avant et non *après* la négation :

Ni l'or *ni* la grandeur *ne* nous rendent heureux. (*La Font.*)

« La France *ni* l'Espagne *ne* peuvent être en guerre que cette secousse destinée à l'Europe ne se fasse sentir aux extrémités du monde. » (*Voltaire.*)

La première phrase est citée par nos grammairiens à la page 159 ; il y a donc inexactitude dans la manière dont ils ont ici exprimé leur règle.

OMISSION DE *et* AVEC *plus*, *moins*, ETC.

P. 221. — *Plus*, *moins*, *mieux*, répétés, ne doivent point être unis par *et* : PLUS *on le connaît*, PLUS *on l'estime*, et non ET *plus on l'estime*.

OBS. — Encore une règle inexactement énoncée. Car dans cette phrase : PLUS *on étudie* ET PLUS *on approfondit Racine*, *plus on l'admire*, les deux premiers *plus* peuvent être unis par *et*. Rousseau s'est correctement exprimé quand il a dit :

« Plus on apprivoisera l'enfant avec les souffrances qui peuvent l'atteindre, *plus* on leur ôtera, comme eût dit Montaigne, la pointure de l'étrangeté, *et plus* aussi l'on rendra son âme invulnérable et dure. »

Il fallait donc dire, au lieu de ce qu'on nous a dit, que c'est *plus*, *moins*, mis en opposition, qui ne doivent pas être unis par *et*. Nous ferons remarquer encore qu'à *plus* et à *moins* il aurait fallu ajouter *autant*

CONJONCTION *que*.

P. 221. — De toutes les conjonctions, *que* est la plus

usitée, et celle dont l'emploi est le plus varié ; on s'en sert : 1° entre deux verbes.... 2° pour marquer l'admiration, l'ironie, l'indignation ; et alors il signifie *combien* : Que *Dieu est puissant!* Que *vous êtes importun!* Que *je hais le mensonge!*

Obs. — *Combien* étant adverbe, de l'aveu même de nos auteurs, qui, à la page 86, le font entrer dans la liste des adverbes de quantité, *que*, lorsqu'il signifie *combien*, doit être lui-même adverbe, et non *conjonction*. En effet, dans les trois phrases citées nous ne voyons point que ces *que* servent à unir les mots, mais bien qu'ils modifient *puissant*, *importun* et *hais*, ce qui, comme le savent nos grammairiens, est le propre de l'adverbe.

DU PLÉONASME.

P. 225. — Le pléonasme n'est que la répétition d'un ou de plusieurs mots déjà exprimés.

Obs. — Cette définition n'est pas exacte : il est assez rare que le pléonasme consiste dans la répétition des mêmes mots ; le plus souvent c'est la même idée reproduite en d'autres termes. Nous n'irons pas loin pour en trouver des exemples ; il nous suffira de choisir parmi ceux que citent nos grammairiens eux-mêmes. Telles sont donc ces phrases :

Je l'ai vu *de mes yeux.*
Je l'ai entendu *de mes propres oreilles.*
Il ne s'occupe que de *ses propres* affaires.

Au nombre des pléonasmes vicieux, MM. Bonneau et Lucan citent celui-ci : *Vous* n'avez seulement qu'*à lui écrire.*

Seulement, disent-ils, est un double emploi; attendu que *ne.... que* signifie déjà *seulement*.

Nos critiques ne se doutaient apparemment pas, en écrivant ces mots, qu'ils prononçaient la condamnation de plusieurs de leurs propres phrases, que voici :

Les participes passés *ne* sont assujettis *qu*'à deux *seules* règles, quelle que soit la forme sous laquelle ils soient employés. (P. 192.)

Les temps simples d'un verbe sont ceux où il *n*'entre *uniquement que* ce verbe. (P. 43.)

Il faut mettre au singulier l'adjectif *se* se rapportant aux pronoms *nous*, *vous*, lorsque ces pronoms NE représentent QU'une SEULE personne. (P. 137.)

Nous pouvons y ajouter cette autre phrase, quoique l'expression n'y soit pas la même :

Tout participe qui n'a d'autre rapport qu'avec le régime indirect *en* reste invariable.

D'autre est ici de trop. Cette expression ne peut pas plus se trouver avec *ne.... que* signifiant *seulement* qu'avec *seulement* lui-même. Or, que nos auteurs essaient de faire entrer *seulement* dans leur phrase.

Mais, ce qui est bien singulier, c'est qu'en parlant contre le pléonasme on en fasse soi-même; c'est pourtant ce que nous pouvons reprocher à nos grammairiens. Après nous avoir cité ce pléonasme vicieux : *J'ai été* FORCÉ, *bien* MALGRÉ MOI, *d'y consentir*, ils ajoutent :

Comme on ne peut être forcé que contre son gré, *malgré moi* est *donc* une superfluité.

Comme et *donc* exprimant tous les deux la conséquence, l'un des deux est de trop, et réunis ils forment la même *superfluité* que dans la phrase critiquée.

Immédiatement à la suite de ce que nous venons de lire, nos auteurs citent cet autre pléonasme vicieux : *Ils s'entr'aident mutuellement*, et ajoutent :

S'entr'aider exprimant une aide réciproque, mutuellement est une *redondance inutile*.

Phrase où en nous parlant de redondance *inutile*, on en fait une. Une redondance étant un vice de style qui consiste à multiplier mal à propos les paroles, l'épithète *inutile* ajoutée à redondance ne signifie plus rien, car il n'y a pas de redondance utile.

ESPÉRER AVEC UN PRÉSENT.

P. 236. — *Espérer* ne portant à l'esprit que l'idée d'une chose future, car l'espérance n'a pour objet ni ce qui est actuel ni ce qui est passé, ne peut DONC être suivi d'un verbe au présent de l'indicatif ou au passé, comme dans ces phrases : *J'espère que Pauline se porte bien; nous espérons que vous avez fait la route sans accident.* A la place d'*espérer* il faut employer *croire*, *penser*, et dire : *Je* PENSE *que Pauline se porte bien; nous* PENSONS *que vous avez fait un bon voyage.*

OBS. — Nous ferons d'abord observer que la conjonction conclusive *donc* après ces mots *espérer ne portant à l'esprit que l'idée d'une chose future* forme la même redondance que nous venons de remarquer dans l'article précédent.

Quant au verbe *penser*, que nos auteurs veulent substituer au verbe *espérer* dans la phrase de Mme de Sévigné et dans l'autre, nous ne pouvons laisser passer cette substitution. Mme de Sévigné, étant séparée de sa petite fille par plus de cent lieues, est dans l'incertitude au sujet de sa santé, et nous croyons que le verbe *penser* n'eût pas été propre du tout à rendre son idée. Il en est de même de la seconde phrase. Si je *pense* que les personnes aient fait le voyage sans accident, n'est-il pas inutile que je le leur dise? Si donc le purisme de MM. Bonneau et Lucan, et de Féraud qu'ils citent, ne peut admettre ici le verbe *espérer*, nous pensons que le goût et la justesse de l'expression réprouvent encore plus fort les verbes *penser* et *croire* qu'ils y substituent.

AVOIR L'AIR.

P. 247. — L'Académie dit en substance : « Si l'adjectif qui suit *air* se rapporte à ce nom, il faut mettre cet adjectif au masculin: *Elle a l'*AIR BON*, elle a l'*AIR MÉCHANT*. Mais si l'adjectif se rapporte à la personne plutôt qu'au mot *air*, cet adjectif prend le genre et le nombre de cette personne : *Elle a l'*AIR CONTENTE *de ce qu'on lui dit; elles avaient l'*AIR TROUBLÉES, EMBARRASSÉES*, etc. »

Et après avoir en ces termes rapporté la *substance* du sentiment de l'Académie, nos auteurs ajoutent :

En parlant des choses, il faut dire *l'air d'être* : *Ce melon a l'*AIR D'ÊTRE *mûr; cette soupe a l'*AIR D'ÊTRE *bonne.*

OBS. — Nous pensions que la conclusion opposée à celle-ci serait mieux déduite du sentiment de l'Académie. En effet, si, comme dit l'Académie, *quand l'adjectif qui suit* AIR *se rapporte à ce nom, il faut mettre cet adjectif au masculin*, on peut donc quelquefois faire rapporter cet adjectif, non au mot *air*, mais à l'objet dont on parle; et si l'on peut dire d'une personne : *Elle a l'*AIR CONTENTE, c'est-à-dire *elle paraît contente*, nous ne voyons pas pourquoi l'on ne pourrait dire, en parlant d'un melon : *Ce melon a l'*AIR MUR, c'est-à-dire paraît mûr.

Nous irons même plus loin ; et nous oserons émettre l'opinion que nos réflexions nous ont faite sur cette difficulté, objet de tant de variations parmi les grammairiens.

Cette expression *avoir l'air* nous paraît le plus souvent synonyme du verbe *paraître*. Nous pensons donc qu'on peut l'employer chaque fois qu'on pourrait se servir de ce verbe, et qu'on dira très-correctement : *Cette femme a l'*AIR BONNE, CONTENTE, JOYEUSE, SOIGNEUSE, ZÉLÉE, etc. ; *cette pomme a l'*AIR CUITE ; *ce fruit a l'*AIR MUR, etc., comme on dit : Cette femme *paraît bonne*, etc. ; cette pomme *semble cuite* ; ce fruit *paraît mûr*.

Au contraire, s'il ne s'agit que de la physionomie, au lieu de *avoir l'air*, ne serait-ce pas *avoir un air* que l'on devrait employer, en disant par exemple : *Cette personne a* UN AIR MÉCHANT ; *cet homme avait* UN AIR FAROUCHE *qui effrayait* ; *ce soldat a un* AIR MARTIAL, etc.

FIN.

ERRATA.

P. 15, 22ᵉ ligne. — Au lieu de : *Il fallait vues*, lisez : *Il fallait vus*.

P. 100, 11ᵉ ligne. — Au lieu de : *Un nommé Mathias Huet*, lisez : *Un nommé Mathias. Huet.*

TABLE DES MATIÈRES.

ADJECTIFS DÉTERMINATIFS.

Aucun et *nul*, p. 159. — Combien il y a de sortes d'adjectifs déterminatifs, 203. — *Deux*. Si c'est une faute de dire François *deux*, etc., 31. — *Même*. Quand il peut rester invariable, 30, 159, 215 ; sa place quand il est adjectif, 31. — Possessifs (adjectifs) remplacés par l'article, 157 ; avec les unités collectives, 157 ; remplacés par *en*, 158, 215. — *Quelque.* Son orthographe, 31, 160, 216. — *Mille*, 216. — Répétition des adjectifs déterminatifs avec les adjectifs, 29. — *Tout* signifiant chaque, 32. — *Un*. S'il est toujours adjectif numéral, 156. — *Vingt* et *cent*. Quand ces adjectifs prennent un *s*, 5.

ADJECTIFS QUALIFICATIFS.

Adverbialement (adjectifs pris), 207. — Accord de l'adjectif avec deux noms singuliers, 33. — Degrés de qualification dans les adjectifs, 155, 203. — *Eur* (adjectifs en), 202. — *Grecque*. Pourquoi ce mot conserve le *c* du masculin, 1. — *Impatient*. Si cet adjectif peut être suivi d'un nom, 36. — *Nu* et *vert*. Pourquoi ces mots ne prennent pas de *d*, 6. — *Nu* et *demi*, 214. — Place de l'adjectif, 34. — Rapport de l'adjectif, 155, 212 ; phrase vicieuse à ce sujet, 196. — *Saoul, soûl.* Laquelle de ces deux orthographes est préférable, 2. — *Superlatif*. S'il est toujours suivi de la préposition *de*, 36. — Unis par *ou*, 213. — *Virginal, zodiacal*. Pluriel masculin de ces deux adjectifs, 36.

ADVERBE.

Aussi, *non plus*, 181. — *De suite* pour *tout de suite*, 68. — Origine de l'adverbe, 198. — Place des adverbes, 66. — Place des adverbes composés, 66. — Place des adverbes monosyllabiques, 66. — *Plus*, 67. — *Point*, 67. — *Si*, *aussi*; *tant*, *autant*, 67, 180.

ANALYSE LOGIQUE.

Observations sur la manière d'analyser, 186. — Phrase (définition de la), 208. — Proposition, 208. — Proposition implicite, 209. — Proposition incidente, 209.

ARTICLE.

Emploi de l'article avec les collectifs, 153; avec *plus*, *moins*, *mieux*, 27, 152; avec un verbe négatif, 153. — Fonction de l'article, 151. — Origine de l'article, 197. — Répétition de l'article avec les substantifs, 25, 152; avec les adjectifs, 26, 154.

CONJONCTION.

Conjonctions confondues avec les prépositions, 69. — Définition de la conjonction, 182. — Différences entre les conjonctions et les adverbes, 69. — *Et*, 71, 228. — *Et* et *ni*, 182, 227. — *Ni*, 70. — *Que*, 220, 228. — *Quant à*, *quand*, 226. — *Si*, 70.

FIGURES.

Ellipse, 77. — Inversion, 76, 186. — Métaphore, 78. — Pléonasme, 185, 229. — Répétition, 88.

INTERJECTION.

Phrase vicieuse au sujet de l'interjection, 199.

OBSERVATIONS PARTICULIÈRES.

A, ou, entre deux nombres, 184. — Avoir l'air, 232. — Capable, susceptible, 184. — Espérer avec un présent, 231. — Etre, aller, 184. — Imiter l'exemple, 185. — Syllabe (définition de la), 195. — Par terre, à terre, 185.

ORTHOGRAPHE.

A (mots en), 5. — *Ant* et en *ent* (mots en), 145. — Apostrophe dans *quelque*, 14; dans *quoique*, 15. — C. Redoublement de cette consonne, 11. — *Ege* (mots en). S'ils doivent prendre l'accent aigu ou le grave, 8. — Elision avec le mot *onzième*, 13. — *Eme* (mots en). Pourquoi ces mots prennent l'accent grave, 2. — H dans *scholastique*, *scholiaste*, etc., 4. — Majuscules. Leur emploi au commencement des vers, 16; dans les noms propres, 147. — *N*. Des verbes où l'on double cette consonne, 10. — *S* euphonique. Son emploi, 11. — Trait d'union. Avec les verbes, 12; avec les adjectifs numéraux, 13; avec *même*, 13. — *Y*. Son emploi dans les mots dérivés du grec, 3; remplacé par l'*i*, 59, dans les verbes, 59.

PARTICIPE.

Béni, bénit, 1. — Gérondif. A quoi il doit se rapporter, 38. — Passé (participe). Suivi d'un infinitif, 15; précédé de *un de, un des*, 16; précédé du pronom *en*, 180, 225. — Présent (participe). En quoi il diffère de l'adjectif verbal, 37, 156, 222.

PRÉPOSITIONS.

Auprès de, au prix de, 74. — *Avoir rapport à*, avoir

rapport avec, 74. — *Durant et pendant*, 75. — *En*, 73. — *En campagne*, 74. — *Entre et parmi*, 181. — Origine de la préposition, 198. — Répétition des prépositions, 72. — *Réunir à*, 75. — *Voici, voila*, 227.

PRONOMS.

Autrui. Si l'on peut employer *son, sa, ses*, avec ce pronom, 46. — *Ce*, suivi du verbe *être*, 40, 165, 218; sa répétition, 165. — *Chacun*, suivi de *son, sa, ses, leur*, 166. — Compléments (pronoms) d'un infinitif, 162; compléments indirects, 162. — Démonstratifs (pronoms), suivis d'un adjectif, 41. — *Dont, de qui*. Leur différence, 44. — *En* à la place de *son, sa, ses, leur*, 47. — *Le*. Quand il varie, 144, 216. — *Lui, leur*, mis pour *le, les*, 219. — *L'un, l'autre, les uns, les autres*, 167. — *On*. Quand il veut l'adjectif au féminin, 45. — Origine du pronom, 197. — Rapport des pronoms avec un substantif indéterminé, 39, 161, 216. — Relatifs (pronoms). Leur emploi, 42, 43, 163; leur place, 163. — Répétition des pronoms, 40. — *Rien*, 217. — *Soi*. Son emploi, 164.

PRONONCIATION.

C. Mots où le *c* final se prononce, 17; mots où il se prononce comme un *g*, 147. — E fermé, 207. — *Et* (mots en), 194. — G. Prononciation du *g* dans *gangrène*, 19. — Hyatus. Sa définition, 20; s'il y a un hyatus dans *pied à pied, pied à terre*, 21. — I. Mots où il ne se prononce pas, 17. — L. Prononciation de *l* dans *péril*, 18. — *Les*. Prononciation de cet article devant un *h* aspirée, 195. — O. Prononciation de l'*o* dans *voler*, 19. — N. S'il doit sonner à la fin des mots, 10. — S. S'il influe sur la prononciation des voyelles, 22; entre deux voyelles, 147; *s* final, 148. — U. Sa prononciation dans *sanguinaire*, 148. — Y, 195.

SUBSTANTIFS.

Ai (noms en), 201. — *Aïeul*. Son pluriel, 201. — *Ail*. Son pluriel, 150. — *Ancêtres*. Si ce mot a un singulier, 150. — *Appui-main*. Pourquoi l'on ne met pas d'*e* dans *appui*, 5. — Composés (noms), 146. — *Couple*. Genre de ce mot, 23. — *Exemple*. Genre de ce mot, 150. — *Gens*. Quand les mots qui s'y rapportent se mettent au féminin, 21, 150. — Nombre. Difficultés pour son emploi, 23. — *OEil*. Quand fait-il *œils* au pluriel, 149. — *Personne*. Substantif ou pronom, 167. — Phrase vicieuse au sujet du nom, 200. — Propre (nom). Sa définition, 148; son orthographe, 146, 210. — *Quelque chose*. Quand cette expression est du genre masculin, 23. — *Sébille* ou *cébille*, 3. — Substantifs pris adjectivement, 149.

VERBES.

Actifs (verbes), 222. — *Aimé-je*, *puissé-je*. Orthographe et prononciation de ces mots, 20. — Auxiliaires, 49; auxiliaire du verbe *expirer*, 173; des verbes *monter* et *descendre*, 52; du verbe *passer*, 52; du verbe *tomber*, 51.

Compléments directs et indirects. Leur définition, 178; deux compléments de nature différente, 179; compléments des verbes *commander* et *raisonner*, 65.

Défectifs (verbes), 60. — *Eer* (verbes en), 169. — *Eler* et en *eter* (verbes en); quand ils doublent la consonne, 7, 9, 168.

Emploi des temps. Conditionnel du verbe *savoir*, 55; imparfait pour le présent, 53; impératif, 172; infinitif, 57, 221; passé antérieur, 172; passé défini et passé indéfini, 54

Iant (verbes dont le participe présent est en), 168. — Indicatif (mode), 205. — Interrogatifs (verbes), 205. — Passifs (verbes), 206. — Pronominaux (verbes); leur auxiliaire, 172; leur définition, 171.

Subjonctif. Après *outre que*, 198; après *tout.... que*, 56; avec une négation et une interrogation, 174; avec un pronom relatif, 175; subjonctif du verbe *vouloir*, 56; emploi des temps du subjonctif, 175.

Sujet du verbe. Gradation, 62; sujets unis par *ou*, 62; 218, 183; sujets synonymes, 63, 213; sujets unis par *et*, 63; sujets collectifs, 64, 173, 211; infinitifs sujets, 173.

Unipersonnels (verbes), 170, 203; leur sujet réel, 170.

VICES DE STYLE.

Amphigouri, 96. — Barbarisme, 90. — Battologie, 87. — Cacophonie, 113. — Clarté (défaut de), 114. — Commentaires bizarres, 122; sans justesse, 126. — Définitions fausses, 131. — Exemples défectueux, 130. — Galimathias, 100. — Hyperbole outrée, 115. — Impropres (expressions) 116 — Incorrections diverses, 132. — Mots mal placés, 118. — Naïveté, 93. — Néologisme, 92. — Pensées fausses, 110. — Phrases de comédie, 121. — Phrases singulières, 128; à double incorrection, 134; à triple incorrection, 140; à quatre incorrections, 142; à sept incorrections, 143. — Période fatigante, 120. — Périssologie, 85. — Plaisanteries fades, 129. — Pléonasme, 83, 185, 228. — Précision (défaut de), 107. — Style ampoulé, boursoufflé, emphatique, 103.

FIN DE LA TABLE.

ANGERS, IMPRIMERIE DE COSNIER ET LACHÈSE.

www.ingramcontent.com/pod-product-compliance
Lightning Source LLC
Chambersburg PA
CBHW070652170426
43200CB00010B/2212